18種類のちりめん細工を写真でレッスン

季節のつるし飾りと ちりめん細工

監修　井上重義

椿のちりめん細工
制作／岩本弘子(上2点)
　　　小山愛子(下1点)
作り方89ページ

日本ヴォーグ社

はじめに

これまで、「ちりめん細工つるし飾りの基礎」(2011年)、「ちりめん細工 つるし飾りの基礎2」(2014年)、「基礎からわかる ちりめん細工のつるし飾り」(2016年)と3冊を出版し、本書で4冊目です。

この本では五節句(人日＝1月7日、上巳＝3月3日、端午＝5月5日、七夕＝7月7日、重陽＝9月9日)に飾られてきた格調高い季節の飾りを基に、当館のちりめん細工講師が考案された作品の数々を掲載しています。

ちりめん細工の歴史

ちりめん細工は江戸時代後期に、裕福な女性たちが縮緬の端切れを縫い、小さな袋や小箱などを作ったのが始まりで、裁縫お細工物と呼ばれました。明治時代には女学校などでも教えて人気がありましたが、大正～昭和初期になると洋服が普及し、手芸も西洋風が好まれ、次第に姿を消しました。

裁縫お細工物が、ちりめん細工の名で蘇ったのは1994年以降です。1970年に古書市で明治42年出版の『裁縫おさいくもの』を入手してその存在を知り、古作品を収集。1986年に当館で展示したところ大きな反響があり、関心をもたれた方と同書を基に勉強会を始めたのが復興に繋がりました。また「縮緬の裁縫お細工物」をやさしく「ちりめん細工」と言い換え、1994年から出版物などで使ったのが定着しました。

ちりめん細工は、袋物や小箱などを単品で作る手芸ですが、1998年に伊豆稲取で雛祭りに細工物を飾る「雛のつるし飾り」が復活。その後、全国各地で雛の季節にちりめん細工のつるし飾りが楽しまれるようになりました。

つるし飾りについて

つるし飾りは現在、輪にちりめん細工をつるすものとされていますが、昔は木の枝などに押絵や手まり、雛菓子などを吊るして飾る風習が各地にありました。現在では大型の飾りを天井から吊るすのは困難な住宅も多く、より手軽に飾れるように飾り台を考案し、講師の皆様と相談して、雛祭りに限らず、折々の季節に飾って楽しめるつるし飾りを発表していただきました。

本書では季節の花や実のほかに、鯉袋、金魚袋、蛸袋、招き猫、獅子頭、和菓子、七夕人形などの型紙や作り方を紹介しています。つるし飾りとして掲載されていない作品もありますが、お知恵を出して楽しいつるし飾りをお作りください。

材料の二越縮緬

ちりめん細工の復興に取り組む過程で気付いたのが材料です。ちりめん細工が盛んに作られた江戸から明治時代にかけて織られた「江戸縮緬」と呼ばれた二越縮緬は、薄くて伸縮性がありました。ところが現在、織られている縮緬は伸縮性がなくて厚く、技術があっても優れた作品を制作することは難しく、ちりめん細工に適していません。しかし昔の「江戸縮緬」は高価で入手も困難なため、昔ながらの伸縮性のある正絹の二越縮緬の再現を1996年から産地の織元の協力を得て取り組み、2年後に実現。さらに京都の老舗の染屋の協力で明治時代の型友禅の再現に取り組み成功しました。掲載作品にはその二越縮緬が使われています。

日本玩具博物館館長　井上重義

目次

春
- 桜のつるし飾り　4
- 春のつるし飾り　5
- 招き猫と変わり風船袋　6
- 鯉のぼりのつるし飾り　7
- 端午のくす玉　7

夏
- 大山蓮華のつるし飾り　8
- 訶梨勒袋（かりろく）　8
- 七夕のつるし飾り　9
- ひまわりのつるし飾り　47
- 金魚の2連飾り　54

秋
- 秋の森のつるし飾り　10
- 重陽の節句飾り・茱萸袋（しゅゆ）　11
- 美男葛のつるし飾り　11

冬
- お正月のつるし飾り　12
- 和菓子のつるし飾り　13

- 椿のちりめん細工　1
- 文化人形・桜形七宝まり　3

- ちりめん細工　作り方の基礎　14

写真で詳しくレッスン
18種類のちりめん細工　18ページ
1. 木蓮袋　20ページ
2. 桜袋　24ページ
3. 鯉袋　27ページ
4. 大山蓮華袋　30ページ
5. 蛸袋　33ページ
6. ゆり袋　36ページ
7. 七夕の着物　39ページ
8. 野菜袋　42ページ
9. ひまわり袋　44ページ
10. ほたるぶくろの袋　48ページ
11. 金魚袋　52ページ
12. 小菊袋　55ページ
13. コスモス袋　58ページ
14. 美男葛袋　61ページ
15. いが栗　64ページ
16. 和菓子　67ページ
17. 招き猫　72ページ
18. 獅子頭袋　76ページ

文化人形
制作／酒居美幸　作り方97ページ

桜形七宝まり
制作／南尚代　作り方87ページ

春

桜のつるし飾り

桜の花袋は江戸時代から
人気があり、これまでに
講師の皆さんの手で数々の
美しい桜の花袋が誕生。
それらをつるした
3連の華やかな飾りです。
制作／小玉聖子
作り方82ページ

春のつるし飾り

七宝まりを参考にして創作した
桜手まりをメインに、蝶袋、
うぐいす袋などを組み合わせた
春爛漫のつるし飾りです。
制作／南尚代
作り方84ページ

招き猫と変わり風船袋
中央に風船。両側には
風船袋をアレンジして作った
すずめ袋とひよこ袋と金魚袋をつるし、
下には可愛い招き猫がお出迎え。
制作／宗片由美子
作り方86ページ

鯉のぼりのつるし飾り

端午の節句に男児の健康と出世を願い、家庭の庭先で飾られる鯉のぼり。吹流しや鯉をちりめん細工で作り、端午の季節の部屋の飾りにしました。
制作／清元瑩子
作り方96ページ

端午のくす玉

端午の節句に邪気払いとして飾られました。美しいちりめん細工の花々がまとめて飾られ、下には五色の紐がつるされた格調高い節句の飾り。
制作／清元瑩子
作り方90ページ

訶梨勒袋
(かりろく)
訶梨勒はインド産の高木。実は万能薬として重宝され、室町時代から実を模った袋に実を入れた香袋が邪気を払うとして、床柱や玄関に飾られました。
制作／坂東俊子
作り方92ページ

大山蓮華のつるし飾り
初夏に咲く、大型の優雅な白い花です。
17年前に当館講師が創作した大山蓮華袋を参考にして、一連のつるし飾りを作りました。
制作／黒田正子
作り方83ページ

夏

七夕のつるし飾り

7月7日に女児の裁縫が
上達するよう願って、短冊や
紙衣が笹竹に吊るされました。
そんな七夕の飾りを
ちりめん細工として作りました。
制作／芝田美恵子
作り方98ページ

秋

秋の森のつるし飾り

秋を代表する果実である
栗の実やいが栗の下に、
明治時代から人気があった
文福茶釜袋を飾りました。
制作／高橋公子
作り方88ページ

重陽の節句飾り・茱萸袋(しゅゆ)

9月9日の重陽の節句に宮廷で昔、邪気払いのため
飾られたと伝わり、茱萸を入れた縮緬の袋に赤・白・黄の
菊花と赤いグミの実の枝を飾った格調高い袋を創作しました。
制作／南尚代
作り方93ページ

美男葛のつるし飾り

秋の茶花としても有名な赤い実の美男葛は、
実の樹液で髪を整えると美男になるとされています。
その美男葛をつるし飾りとして創作しました。
制作／竹内友美
作り方96ページ

冬

お正月のつるし飾り

松竹梅、こま、羽子板、獅子頭などを組み合わせた、お目出度い新春にふさわしいつるし飾りです。
制作／松井七重
作り方95ページ

和菓子のつるし飾り

伝統ある和菓子をテーマに、
考案したつるし飾りです。
絞り玉は金平糖をイメージし、
中央には干菓子をつるしました。
制作／大西初美
作り方94ページ

ちりめん細工　作り方の基礎

ちりめん細工を作る際に必要な材料や用具、知っておくと役立つ基礎知識をまとめました。参考にしてください。

材料

〈ちりめん〉
ちりめん細工では主にちりめんを使います。色柄など作品に合ったものを選びましょう。この本で使用するちりめんは日本玩具博物館で取り扱っています（112ページ参照）。

〈薄絹布〉
主に内袋に使います。胴裏や紅絹など薄手のものがよいでしょう。手に入らない場合は洋服の裏地用のキュプラなども使えます。

〈接着芯〉
ちりめんの裏に貼って使う接着芯は薄手の柔らかいものが適しています。片面に接着剤がついており、アイロンで接着します。

〈打ちひも〉
口べりに通して使うひもです。色や太さは作品に合わせて選びましょう。

〈糸〉
縫い合わせや刺しゅうにも絹の手縫い糸を使います。色は作品に合わせて選びましょう。

〈綿〉
手芸用の化繊綿がよいでしょう。小さくちぎったり、薄くのばしたりして詰めます。

〈縫い針について〉
縫い合わせには絹用の縫い針を使います。四ノ三半や四ノ三くらいがよいでしょう。

針の実物大（四ノ三半）

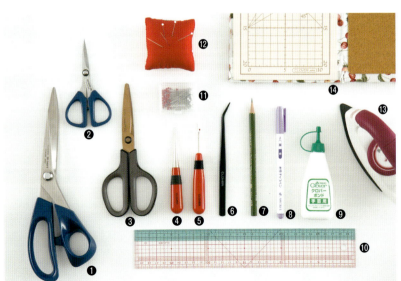

用具

1. 布切り用はさみ…布を裁つはさみ。紙用と分けます。
2. 糸切りはさみ…糸や細かい部分を切るのに使用。
3. 紙切り用はさみ…紙を切るのに使います。
4. 目打ち…印をつけたり、布の角を出すのに便利。
5. リッパー…糸をほどくのに使います。
6. ピンセット…布を表に返したり、綿を入れる際にも便利。
7. 鉛筆…型紙作りや布に印をつける際に使います。
8. チャコペン…布に印をつけます。
9. ボンド…布やパーツを貼る際に使います。
10. 定規…寸法を測ったり、直線を描くのに使います。
11. まち針…布を仮止めする際に使います。
12. ピンクッション…縫い針やまち針を刺しておきます。
13. アイロン…先の細い、小さなアイロンが便利です。
14. アイロン台…片面に紙やすりがついているものが布の印つけにも便利。

用具協力／クロバー株式会社

縫い方の基本

ちりめん細工を作る際に知っておきたい縫い方をご紹介します。

玉結び

1 指の上に糸と針を置きます。

2 針に糸を2回巻きつけます。

3 巻きつけた糸を指で押さえて、そのまま針を引き抜きます。

玉止め

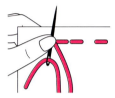
1 縫い終わりの目の端に針をあて、指で押さえます。

2 糸を2回巻きつけます。

3 巻きつけた糸を指で押さえて、そのまま針を引き抜きます。

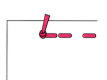
4 2～3mm残して不要な糸をカットします。

※縫い合わせは通常ぐし縫いをしますが、カーブの部分や細かいパーツなどは半返し縫いや本返し縫いなどで縫いましょう。

ぐし縫い 針を押しながら運針し、表も裏も同じ長さの針目で縫う縫い方です。

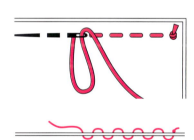

半返し縫い 1針の半分戻って針を入れ、次に1針分より先に針を出します。ぐし縫いより丈夫に仕上がります。

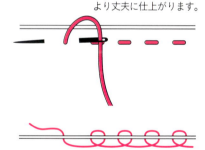

本返し縫い 1針分戻って針を入れ、次に2針分先に針を出します。半返し縫いより丈夫に仕上がります。

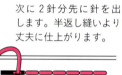
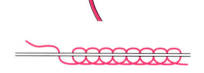

くけ縫い 同幅で折り山の少し奥（0.1cm位）をすくいながら縫う縫い方です。表からは縫い目は見えません。

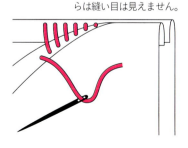

まつり縫い 表に貼り目が目立たないように、裏布を少しすくって縫う縫い方です。

一目落とし 表に出る針目が小さくなるように縫う縫い方です。裏の針目は大きくなります。

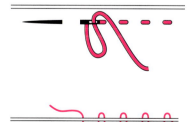

型紙の作り方

布を裁つ前に実物大型紙を作りましょう。市販の半透明のシートなどを使うと丈夫で、柄を透かして見ることができて便利です。

実物大型紙について ▶ 作り方ページに掲載の実物大型紙には縫い代がついていません。実物大の大きさの型紙を作り、指定がある場合を除いて周囲に0.5㎝の縫い代をつけて布を裁ちます。

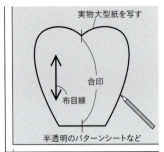

1 実物大型紙の上に半透明のパターンシートを置き、鉛筆で型紙を写します。布目線や合印などもあれば描いておきましょう。

2 写した線をはさみでカットします。

3 これで実物大型紙ができました。

布目と接着芯について ▶ 実物大型紙に描かれている布目とちりめんの布目を合わせて布を裁ちます。接着芯を貼る際には布目を確認して貼りましょう。

接着芯の貼り方

1 接着芯の接着面（のりのついている面）を確認します。

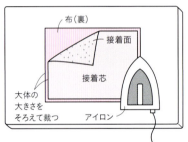

2 アイロン台の上に布の裏と接着芯の接着面を合わせて置き、ちりめんのしぼをつぶさないようにアイロンを軽くあて接着します。

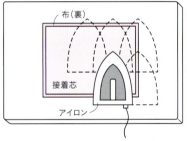

3 同じ布から何枚のピースを裁つ場合、まとめて接着芯を貼ると便利です。その場合、アイロンを滑らせるのでなく、押さえるようにして隙間なくあてて接着します。

縫い代の始末

カーブのある細長いパーツの場合

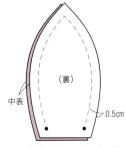

1 2枚を中表に合わせて縫います。

2 縫い代を0.2〜0.3㎝に切りそろえます。先端部分は細くカットすると表に返した時にきれいです。必要であれば周囲に切り込みを入れます。

凹み部分のあるパーツの場合

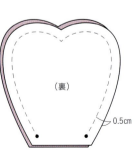

1 2枚を中表に合わせて縫います。

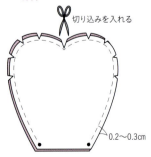

2 縫い代を0.2〜0.3㎝に切りそろえます。凹み部分とカーブ部分に切り込みを入れます。

四つ止め
巾着のあけ口や布が集まる部分など、接する4枚の折り山をきっちりとめる方法です。折り山4か所を1針ずつすくい、縫いとめます。

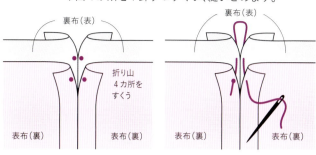

四つ縫い
表布2枚と内袋2枚の4枚を一緒に縫い、表に返す方法です。

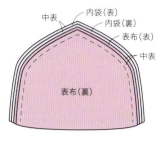

1 表布2枚と内袋2枚をそれぞれ中表に合わせ、4枚一緒に縫います。

2 表布と表布の間から表に返します。縫い代が表布と内袋の間になります。

口べりのつけ方
口べりには内づけと外づけの2種類の方法があります。縫い方を覚えると便利です。

〈外づけ〉

1 口べりの両端の縫い代を折って縫います。

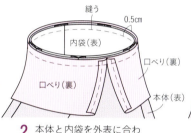

2 本体と内袋を外表に合わせ、側面に口べりを中表に合わせて縫います。

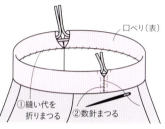

3 口べりの縫い代を折り、内袋にまつります。ひも通し口の下側を数針まつります。

〈内づけ〉

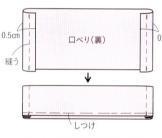

1 口べりの両端の縫い代を折って縫い、さらに外表に半分に折り下側をしつけします。

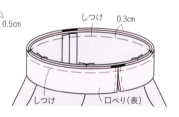

2 本体の側面に口べりを合わせてしつけします。

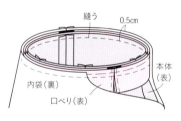

3 口べりの外側に、中表に輪に縫いとめた内袋を合わせて縫います。

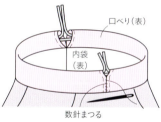

4 内袋を本体の中に入れ、底を絞ります。口べりをおこし、ひも通し口の下側を数針まつります。

布の返し方

ピンセットで引き出す

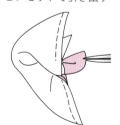

目打ちで角を出す

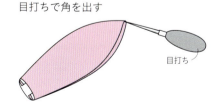

ストローを使って返す

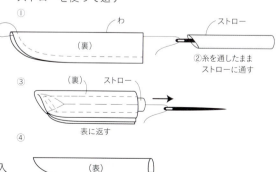

綿の入れ方
小さくちぎって入れる

小さめにちぎった綿を入れ口からピンセットで少しずつ入れます。

写真で詳しくレッスン
18種類のちりめん細工

春

1. 木蓮袋
作り方　実物大型紙
20・102

2. 桜袋
24・100

3. 鯉袋
27・101

夏

4. 大山蓮華袋
30・103

5. 蛸袋
33・104

6. ゆり袋
36・104

7. 七夕の着物
39・105

8. 野菜袋
42・102

9. ひまわり袋
44・106

10. ほたるぶくろの袋
48・107

11. 金魚袋
52・106

12. 小菊袋
55・107

秋

13. コスモス袋
58・108

14. 美男葛袋
61・108

15. いが栗
64・88

冬

16. 和菓子
67・109

17. 招き猫
72・110

18. 獅子頭袋
76・111

材料
ちりめん　赤むらさき10×30cm
　　　　　白10×30cm
　　　　　黄緑10×20cm
　　　　　2色ぼかし5×10cm
白薄絹5×15cm　接着芯35×30cm
モスグリーン打ちひも60cm
ワイヤーNo.24　110cm　木綿綿少々
※縫い代は指定外すべて0.5cmつける

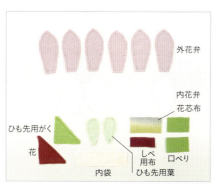

1　花弁12枚（外花弁、内花弁各6枚）とひも先用葉2枚に接着芯を貼り、縫い代をつけて裁ちます。花芯布1枚、しべ用布（5×2cm）、口べり2枚、ひも先用花とがく、内袋は接着芯を貼らずに裁ちます。

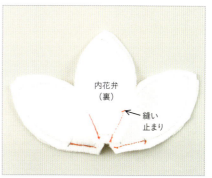

2　内花弁6枚を順に中表に合わせ、縫い止まりより下の部分を輪になるように縫いつなぎます。

3　縫い合わせた部分の縫い代を割ります。

4　同様に外花弁6枚を順に中表に合わせ、縫い止まりより下の部分を輪になるように縫いつなぎ、縫い合わせた部分の縫い代を割ります。

5　花芯布を中表にし輪に縫います。

6　外表に半分に折り、わになっている方を6か所均等にすくい、糸を引いて絞ります。

7　中に木綿綿を入れます。

8　しべ用布から写真のように糸を10本抜きます。

21

9　抜いた10本の糸を中心で別の糸でしばってまとめ、花芯の中央部分に縫いとめます。

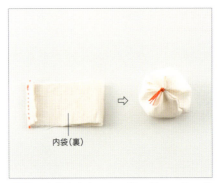

10　内袋を中表にして輪に縫い、縫い代を片側に倒します。底を均等に5か所すくい、糸を引いて絞り、とめます。

11　花芯の中に内袋を中表に合わせ、下部で2枚をしつけします。

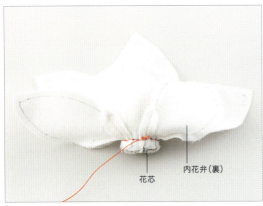

12　花心の周囲に内花弁を縫います。

13　内花弁と外花弁を中表に合わせ、花弁の周囲を縫います。表に返して花弁の先にアイロンをかけて整えます。

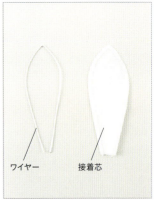

14　外花弁の形に合わせてワイヤーを形作り、接着芯2枚ではさんで接着し、余分な部分をカットします。

15　花弁の中にワイヤーを入れます。

16　ワイヤーを花弁に縫いとめます。

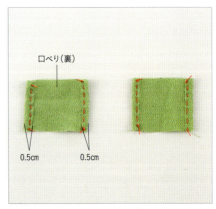

17　口べりを用意し、両端を0.5cm折り、縫います。

18 花弁の周囲に口べりを中表に合わせて縫います。

19 口べりの端を内側にまつります。

20 口べりにひもを通します。

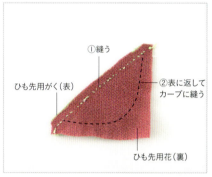

21 ひも先用の花とがくを中表に合わせて縫います。

22 表に返し、残り2辺をカーブを描くようにぐし縫いし、絞ります。

23 ひと結びしたひも先に通し、巻きつけるようにして絞った糸をひもに縫いとめます。

24 葉は中表に合わせて縫い、表に返したものに刺しゅうをし（刺しゅうは81ページ参照）、もう一方のひも先に縫いとめます。

25 でき上がり。

2. 桜袋

桜の花袋は江戸時代から琴爪やお香を入れる袋として愛されてきました。昔は花芯部が口縁になっていたのを改良して工夫を凝らし、美しい桜袋がいくつも誕生しました。
制作／1・2・3　小玉聖子　4・5　田中房子
実物大型紙p.100
作り方解説／小玉聖子

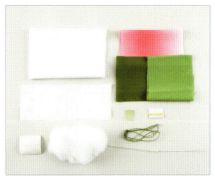
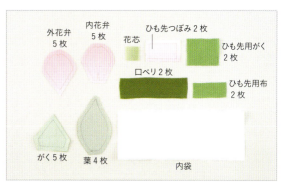

材料
ちりめん　ぼかしピンク15×30cm
　　　　　黄緑10×30cm　緑10×30cm
　　　　　黄緑ぼかし5×5cm
白薄絹10×20cm　接着芯40×30cm
両面接着芯5×5cm　黄緑打ちひも…80cm
黄色絹手縫い糸適宜
ワイヤーNo.20　40cm　化繊綿少々
※縫い代は指定外すべて0.5cmつける

1　外花弁・内花弁各5枚、葉4枚、がく5枚、ひも先つぼみ2枚はそれぞれ接着芯を貼り、縫い代をつけて裁ちます。花芯・内袋各1枚、口ベリ、ひも先用がく、ひも先用布各2枚は縫い代をつけず、接着芯を貼らずに裁ちます。

2　内花弁のタックを縫い、外花弁と内花弁を中表に合わせて印から印までを縫い、縫い代を切りそろえます。

3　5枚を同様に輪になるように縫いつなぎます。

4　がくを中表に合わせて縫い、縫い代を割ります。

5　輪に縫った外花弁とがくを中表に合わせ、縫います。

6　内袋を中表にして輪に縫い、縫い代を片側に倒します。底を均等に5か所すくい、糸を引いて絞りとめます。

7　花弁の中に内袋を中表に重ね、袋口をしつけします。

8　葉に葉脈の刺しゅうをします(刺しゅうは81ページ参照)。

9 葉の形に合わせてワイヤーを作り（22ページ参照）、葉の中にワイヤーを入れ下部分をしつけします。

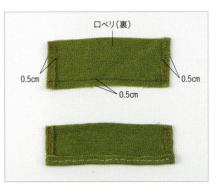

10 口ベリを用意し、両端と下部を0.5cm折り、3辺を縫います。

11 花弁の周囲に口ベリを中表に合わせて縫います。

12 口ベリの端を内側にまつります。

13 幅4cmの厚紙に絹手縫い糸を100回程度巻き、中央をしばります。両端の輪をカットし、上からアイロンで押さえて平らにします。

14 花芯を円形にぐし縫いし、中央に綿を入れて引き絞ります。

15 花の中央にしべをおき、上から花芯を縫いとめます。

16 内袋に綿を入れ、口ベリにひもを通します。

17 ひも先に内袋同様に縫ったひも先つぼみをつけ、ひも先用布とがくを縫います（60ページ参照）。

18 でき上がり。

3. 鯉袋

鯉のぼりは屋外で揚げられましたが、
最近は住宅事情で小型化しています。
室内で飾って楽しめる鯉のぼり用として、
可愛い小さな鯉袋を
ちりめん細工として作りました。
制作／清元瑩子
実物大型紙p.101
作り方解説／清元瑩子

材料(1匹分)
ちりめん 赤15×30cm　赤柄10×20cm
　　　　　　黒・白　各少々
白薄絹15×20cm　接着芯15×30cm
赤打ちひも60cm
化繊綿少々　金アクリル絵の具
※縫い代は指定外すべて0.5cmつける

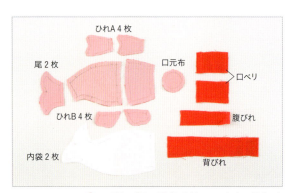

1 頭、胴、尾各2枚、ひれA・B各4枚、口元布1枚に接着芯を貼り、縫い代をつけて裁ちます。腹びれ、背びれ、口べり、内袋(縫い代をつける)は接着芯を貼らずに裁ちます。

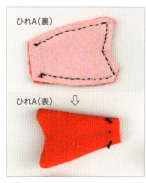

2 ひれAはそれぞれ2枚を中表に合わせて縫い表に返します。これを2組作ります。

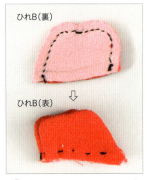

3 ひれBもそれぞれ2枚を中表に合わせて縫います。これを2組作ります。ひれA・Bとも、返し口をしつけします。

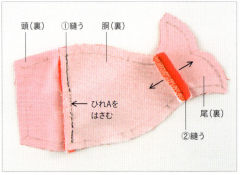

4 胴と頭の間にひれAを挟んで縫い合わせます。胴に尾を縫い合わせ、縫い代を割ります。

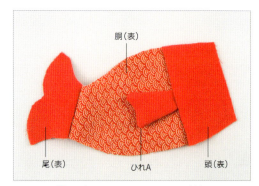

5 表に返したところ。反対側をもう1枚作ります。

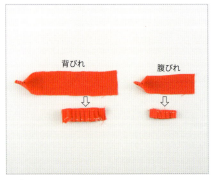

6 背びれと尾びれを作ります。中表に折り片側の端を5mm折って縫い、表に返し、ひだをとってしつけをします。

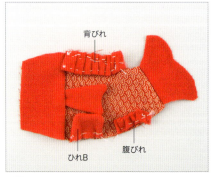

7 本体に背びれと腹びれとひれBをしつけします。

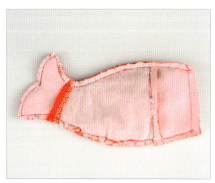

8 もう1枚の本体と中表に合わせ、口を残して周囲を縫います。

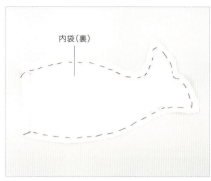

9 内袋を中表に合わせ、口を残して周囲を仮縫いします。

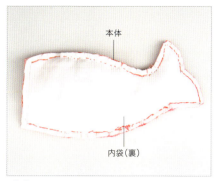

10 本体に内袋を合わせ、四つ縫い(17ページ参照)し表に返します。

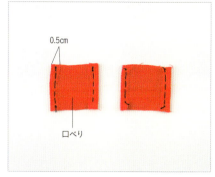

11 口べりを用意し、両端を0.5cm折り、縫います。

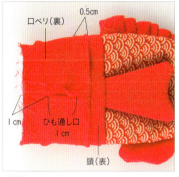

12 ひも通し口を残して輪にまつり端を縫った口べりを口の周囲に中表に合わせて縫います。

13 口べりを表に返し口べりの端を内側にまつります。

14 白目と黒目を用意し、それぞれ厚紙に貼ったものを重ねて貼ります。

15 頭に目を貼り、アクリル絵の具を用意し、目の脇とひれA、尾に描きます。

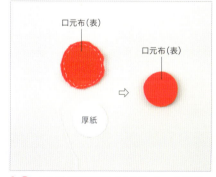

16 口元布の周囲をぐし縫いし、厚紙を入れて糸をひき絞ります。

17 内袋に綿を入れ口べりにひもを通し、ひも先飾りをつけてでき上がり(ひも先飾りは80ページ参照)。

29

4. 大山蓮華袋

花径が10cmを超える清楚で
気品あふれる名花。古くから茶花として
珍重され、千利休も愛しました。
今までの作品の花芯を改良し、
より品格のある大山蓮華袋が誕生しました。
制作／1・2・5 黒田正子　3・4 秋田なをみ
実物大型紙p.103
作り方解説／黒田正子

材料
ちりめん 白30×30cm
　　　　　緑20×30cm
　　　　　黄緑5×10cm
　　　　　ピンクしぼり5×15cm
白薄絹5×15cm　接着芯50×60cm
黄緑打ちひも…80cm
ワイヤーNo.24　280cm　化繊綿少々
※縫い代は指定外すべて0.5cmつける

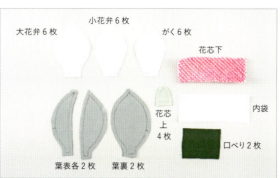

1 花弁12枚（大花弁、小花弁各6枚）とがく6枚、葉表各2枚、葉裏2枚、花芯上4枚は接着芯を貼り、縫い代をつけて裁ちます。花芯下1枚は接着芯を貼り、口べり2枚、内袋は接着芯を貼らずに裁ちます。

2 大花弁、小花弁、がくはそれぞれ2枚を中表に合わせて返し口を残して縫い、表に返します。

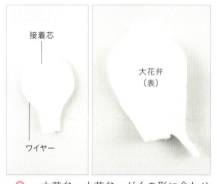

3 大花弁、小花弁、がくの形に合わせて9つワイヤーを形作り花弁の中に入れます（22ページ参照）。

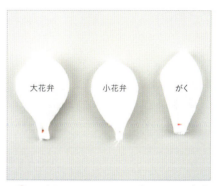

4 それぞれにワイヤーを入れて下部分を閉じます。

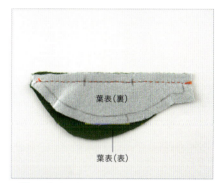

5 葉表2枚を中表に合わせて縫います。

6 葉表と葉裏を中表に合わせて返し口を残して縫います。

7 葉の形に合わせてワイヤーを形作り、中に入れます。

8 下部分をしつけします。

9 花芯上4枚を縫い合わせ、下部分をぐし縫いして糸を引いて絞ります。

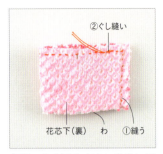

10 花芯下を中表に半分に折って端を縫い、上部をぐし縫いして糸を引いて絞ります。

11 花芯上と重ねて縫い合わせます。

12 内袋を中表にして輪に縫い、縫い代を片側に倒します。底を均等に5か所すくい、糸を引いて絞り、とめます。

13 花芯下を表に返し、中に内袋を入れ下部をしつけします。

14 花芯の周囲に大花弁3枚、小花弁3枚を交互に縫いとめ、さらにがく3枚と葉を縫いとめます。

15 口ベリを用意し、両端を0.5cm折り縫います。

16 花弁の周囲に口ベリを中表に合わせて縫います。

17 口ベリの端を内側にまつり、内袋に綿を入れひもを通します。

18 ひも先に飾りをつけます(80ページ参照)。

19 花弁とがくをバランスよく整えてでき上がり。

5. 蛸袋

ユニークな海の生き物である蛸は
昔から人々に愛されてきました。
ちりめん細工としても古くから作られ、
明治45年刊の『続裁縫おさいくもの』にも
掲載されています。
制作／1 藤本保子　2・3 石田りつ子
4 森重耐子
実物大型紙p.104
作り方解説／石田りつ子

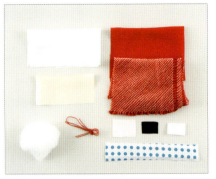

材料
ちりめん 赤30×30cm
　　　　　赤しぼり40×30cm
　　　　　黒・白　各少々
　　　　　白に水玉手ぬぐい 5×35cm
白薄絹15×15cm　接着芯30×30cm
両面接着芯・厚紙各少々
赤打ちひも60cm　化繊綿少々
※縫い代は指定外すべて0.5cmつける

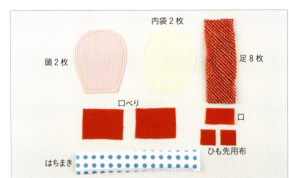

1　頭2枚に接着芯を貼り、縫い代をつけて裁ちます。内袋（縫い代をつける）、口、足、口ベリ、はちまきは接着芯を貼らずに裁ちます。

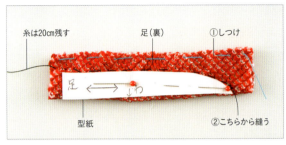

2　4×11.5cmの布を中表に折り上部をしつけします。針が通る紙で作った足の型紙をまち針でとめ、きわをぐし縫いします。糸端は20cm程残してカットします。

3　縫い代を写真のように0.3cmに切り揃えます。

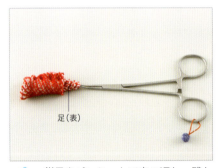

4　鉗子やピンセットで表に返し、残しておいた糸を引いて足に表情をつけます。これを8本作ります。

5　表に返したところ。これを全部で8本作ります。

6　内袋2枚を中表に合わせた上に頭2枚を中表に合わせて重ね、四つ縫い（17ページ参照）します。縫い代を0.3cmに切り揃えます。

7　表に返し、返し口をしつけします。

8　頭の周囲に足をバランスよく縫いとめます。

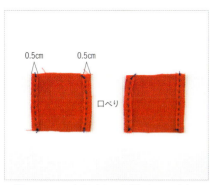

10 頭の周囲に口べりを中表に合わせて縫い、内側にまつります。

9 口べりを用意し、両端を0.5cm折り、縫います。

11 口に両面接着芯を貼り、中央でつき合わせに折ります。端からボンドをつけながら巻いていきます。

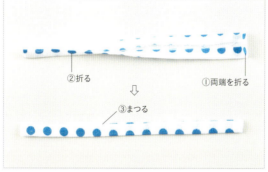

12 白目と黒目を用意し、それぞれ厚紙をくるんだものを重ねて貼ります。

13 はちまきの両端を内側に折り、外表に半分に折りまつります。

14 頭に目と口をボンドで貼り、はちまきを巻いて縫いとめます。

15 内袋に綿を入れ、ひもを通します。

16 ひも先飾りをつけ(80ページ参照)でき上がり。

6. ゆり袋

細い茎に大きな花が咲く華麗なゆりの花。
これまでこの花がちりめん細工として
作られることはなく、この本で初めて
見事なゆりの花袋が誕生しました。
制作／1・4藤本保子　2・3原田みほ
実物大型紙p.104
作り方解説／藤本保子

 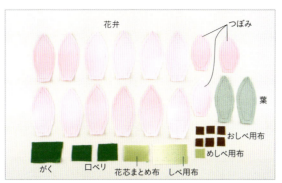 

材料　ちりめん　ピンクぼかし35×30cm　茶2×10cm
　　　　　　　　緑10×20cm　黄緑ぼかし10×10cm
接着芯45×30cm　緑打ちひも80cm
ワイヤーNo.24　16cm6本(花弁用に2つ折りにする)・10cm1本・6cm6本
緑絹手縫い糸　化繊綿少々
※縫い代は指定外すべて0.5cmつける

1　花弁12枚、つぼみ3枚と葉2枚に接着芯を貼り、縫い代をつけて裁ちます。しべ用布1枚、おしべ用布6枚、めしべ用布1枚、がく1枚、口ベリ2枚は接着芯を貼らずに裁ちます。花芯まとめ布は接着芯を貼って裁ちます。

2　花弁を中表に中央で折りアイロンをかけ、外側6枚は端から2〜3mm、内側6枚は1〜2mm内側をぐし縫いします。縫い代はどちらかに倒します。

 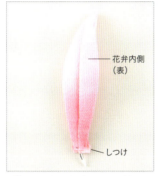 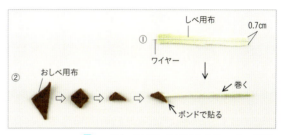

3　外側と内側を中表に合わせて縫い、縫い代を0.3cmにカットします。

4　外側の花弁の2で縫った部分にNo.24のワイヤーを二つ折りにして接着芯でとめたものを入れ、入れ口をしつけで縫いとめます。

5　おしべはNo.24のワイヤー6cmのものを6本を用意し、幅7mmにカットしたしべ用布にボンドを貼って巻きます。先端はおしべ用布を写真のように折り貼ります。

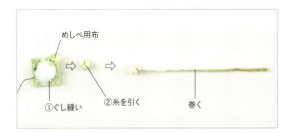 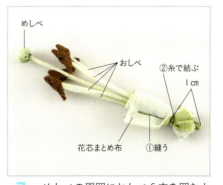 

6　めしべはおしべ同様に布にワイヤーを巻いたものの先端に、円形にぐし縫いし中に綿を入れて引き絞ったものを縫いとめます。

7　めしべの周囲におしべ6本を囲むように置き、中表に縫った花芯まとめ布でくるんで下部を糸でしっかり結び、まとめ布を表に返します。

8　がくを中表に折って端を縫い、真ん中から外表に返して下部をしつけします。

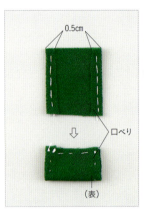

9 口べりを用意し、両端を0.5cm折って縫い、外表に半分に折りしつけをします。

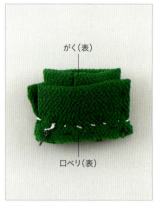

10 がくの周囲に口べりを合わせて縫います。

11 7の周囲に花弁をバランスよくしつけし、その上に口べりとがくをかぶせるようにして縫います。

12 口べりにひもを通します。

13 葉は中表に合わせて縫い、縫い代を0.3cmに切り揃え表に返します。

14 一方のひも先をはさんでまつり、絹手縫い糸で葉脈を刺しゅうします。

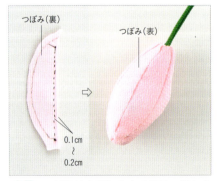

15 つぼみは中表に中央で折り、端から1〜2mm内側をぐし縫いします。この3枚を中表に合わせて縫い表に返し、中に化繊綿を入れもう一方のひも先をはさんで縫います。

16 花弁としべのバランスを整えて、でき上がり。

7. 七夕の着物

七夕には、裁縫の上達や着物が増えることを願い、
仙台、松本、京都、姫路など各地で、
紙衣と呼ばれる小さな着物が飾られました。
それを参考に七夕の着物を作りました。
制作／芝田美恵子
実物大型紙p.105
作り方解説／芝田美恵子

材料(左1点分)
ちりめん 紫柄35×35cm
接着芯35×35cm 黄打ちひも60cm
絹手縫い糸50cm×5色を2組・黄50cm
竹串1本 和紙1.5×20cm
※縫い代は指定外すべて0.5cmつける

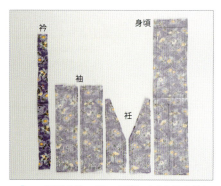

1　身頃1枚、袖、衽(おくみ)各2枚に接着芯を貼り、縫い代をつけて裁ちます。衿1枚(2×22cm)は接着芯をつけずに裁ちます。

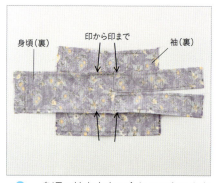

2　身頃に袖を中表に合わせて印から印までを縫い、縫い代は袖側に倒します。

3　袖を中表に折り、袖底を端から端まで縫い、縫い代を前袖側に倒します。

4　袖の袖口側と身頃側の縫い代をでき上がりに折り、押さえ縫いをします。

5　身頃に衽を中表に合わせて縫います。縫い代は衽側に倒します。

6　身頃の脇を中表に合わせ、裾の端をでき上がりから7cm上まで縫います。縫い代は前側に倒します。

7　袖つけから身八つ口まで縫い代をでき上がりに折って押さえ縫いをします。

8　裾をでき上がりに折って押さえ縫い、衽下も縫い代を折って押さえ縫いをします。

9 裾と衽下を縫ったところ。

10 衽の衿下から身頃にかけて、衿を合わせて縫います。その際肩まわりは少し衿にゆとりをもたせておきます。

11 衿は両端を三つ折りし、衿幅0.5cmになるように三つ折りしてまつります。

12 着物が縫えました。

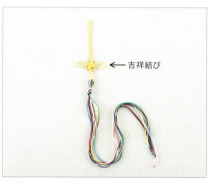

13 打ちひもで吉祥結びを作ります（80ページ参照）。わに5色の絹糸を通し、ひと結びしたものを2組作り、袖口に縫いとめます。

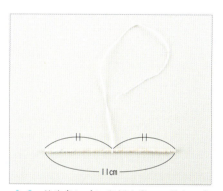

14 竹串（11cm）に和紙を巻いて貼り、中央に糸を通して衣紋掛けを作ります。

15 幅10cm（女子は12cm）の厚紙に黄絹糸を6回（女子は8回）巻いて前で結び着物に縫いとめてでき上がり（男は肩から6.5cm、女は3.5cm下がったところ）。

8. 野菜袋

七夕の日に、この時期の初物である
なすやきゅうりなどをお供えすると、
豊作や芸事(手芸)の上達に
繋がると言い伝えられてきました。
ちりめん細工の野菜袋をどうぞ。
制作／芝田美恵子
実物大型紙p.102
作り方解説／芝田美恵子
なすときゅうりの作り方は102ページ参照

材料
ちりめん　黄緑15×15cm　ピンク2×5cm
　　　　　緑4×7cm
白薄絹15×15cm　接着芯15×15cm
両面接着芯5×10cm
ピンク打ちひも60cm　化繊綿少々
※縫い代は指定外すべて0.5cmつける
なすときゅうりの作り方は102ページ参照

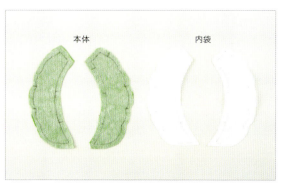

1　本体2枚に接着芯を貼り、縫い代をつけて裁ちます。内袋2枚は縫い代をつけ、接着芯を貼らずに裁ちます。

2　中表に合わせた本体2枚に内袋を重ねて返し口を残して四つ縫い(17ページ参照)します。

3　縫い代を切り揃え、カーブと凹み部分に切り込みを入れます。

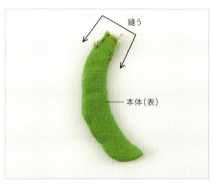

4　鉗子やピンセットで表に返し、返し口の縫い代を内側に折り、縫います。

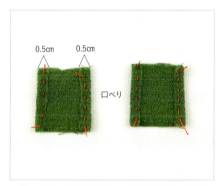

5　口べりを用意し、両端を0.5cm折り、縫います。

6　がく用布2枚を間に両面接着芯を挟んで貼り、型紙通りに裁ちます。

7　本体の袋口にがくをしつけします。

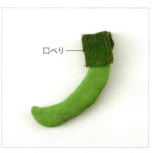

8　袋口の周囲に口べりを中表に合わせて縫います。

9　口べりのもう一方を内側にまつります。

10　内袋に綿を入れひもを通し、ひも先飾りをつけてでき上がり(80ページ参照)。

9. ひまわり袋

高さ3m位までに育ち、大きな黄色い花を咲かせるひまわりは夏の花です。
今回初めて可愛いひまわり袋が誕生。
小さく作ってブローチにも。

制作／1～3 井上曜子　4・5 浜公子
6・7 三宅京子
実物大型紙p.106
作り方解説／井上曜子

 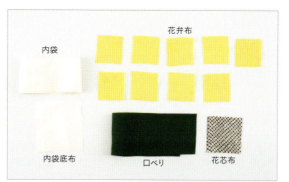 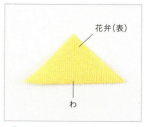

材料
ちりめん 黄10×30cm
　　　　　 茶しぼり5×10cm
　　　　　 緑7×25cm
白薄絹5×30cm　黄緑打ちひも…25cm
キルト綿・厚紙適宜
※縫い代は指定外すべて0.5cmつける

1 花弁布9枚(3.5×3.5cm)と花芯布1枚(4.5×4.5cm)、口べり1枚、内袋、内袋底布をすべて裁ち切りで接着芯を貼らずに裁ちます。

2 花弁布を対角線で半分に外表に折ります。

3 右端下から針を入れます。

4 写真のように左右3針ずつ縫います。

5 針に糸を通したまま、少し糸を引き、再度三角の山をすくうようにAから出し、Bに入れ、Cから出し、Dに入れます。

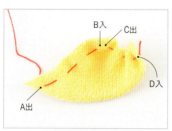 

6 再度三角の山をすくったところ。

7 糸を引いて玉止めをします。これで花弁1枚ができました。

8 同様に全部で9枚作り、同じ方向を向けてつなぎます。

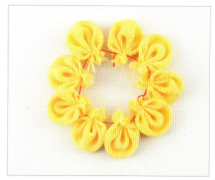

9 糸に少し余裕をもたせて輪にします。

10 花芯用の厚紙を用意し、同寸にキルト綿をカットし、ボンドで貼ります。

11 花芯布(4.5×4.5cm)を円形にぐし縫いします。

12 中にキルト綿を貼った厚紙を入れ、糸を引いて絞ります。

13 花弁の上に花芯を重ねてまつります。

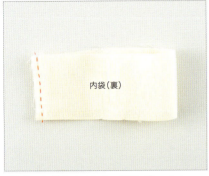

14 内袋を中表にして輪に縫います。

15 口べりを中表にし、上からあけ口1.5cmを残して輪に縫います。あけ口部分は縫い代を折り縫います。

16 口べりと内袋を中表に合わせ、上辺をそろえて縫います。

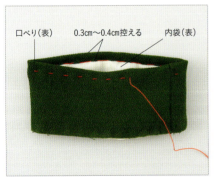

17 口べりを表に返し、内袋は0.3～0.4cm控えて折ります。内袋にかからないように口べりだけを縫ってひも通し口にします。

18 2枚一緒に下部をぐし縫いして糸を引いて絞ります。

19 内袋底布を円形にぐし縫いします。

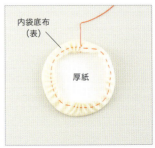

20 中に厚紙を入れ、糸を引いて絞ります。

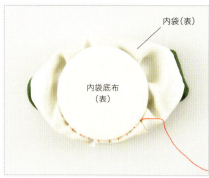

21 19に内袋底布をまつります。

22 ひも通し口に写真のようにひもを通します。

23 ひも先に飾りをつけます（ひも先飾りは80ページ参照）。

24 花弁の裏に口べりをまつり、ひもを結んで、でき上がり。

制作／井上曜子
作り方83ページ

10. ほたるぶくろの袋

蛍が飛ぶ頃に咲く、
釣鐘状の小さなこの花の名は、
子どもが袋のような形をした花の中に
蛍を入れて遊んだからという。
季節感あふれるこの花を創作しました。
制作／1・2・3 南尚代　4 奥田絹江
実物大型紙p.107
作り方解説／南尚代

材料
ちりめん ピンク柄20×30cm
　　　　　白10×20cm　黄緑30×30cm
白薄絹10×15cm　接着芯40×30cm
黄緑打ちひも50cm　白打ちひも10.2cm
緑絹手縫い糸　化繊綿　両面接着芯各少々
※縫い代は指定外すべて0.5cmつける

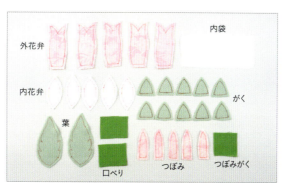

1　花弁10枚(外花弁、内花弁各5枚)とがく10枚、葉2枚、つぼみ5枚に接着芯を貼り、縫い代をつけて裁ちます。つぼみがく1枚(4×4cm)、口ベり2枚(3.8×5cm)と内袋(6×13.5cm)は接着芯を貼らずに裁ちます。

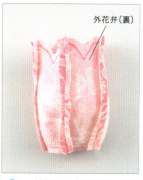

2　外花弁5枚を順に中表に合わせ、輪になるように縫いつなぎ、縫い合わせた部分の縫い代を割ります。

3　内花弁5枚を順に中表に合わせ、縫いどまりまでを輪になるように縫いつなぎ、縫い合わせた部分の縫い代を割ります。

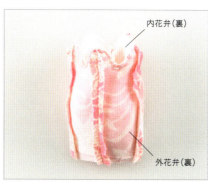

4　外花弁と内花弁を中表に合わせ、花弁の先を縫います。縫い代を切り揃えます。

5　花弁を表に返します。

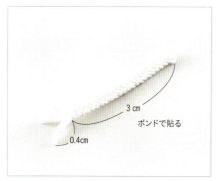

6　白打ちひもを三等分(3.4cm)にカットし、先端を残して3本をボンドで貼り花芯を作ります。

7　花芯を内花弁の中心に通し、裏でしっかりボンドでとめます。

8　内袋を中表にして輪に縫い、縫い代を片側に倒します。底を均等に5か所すくい、糸を引いて絞り、とめます。

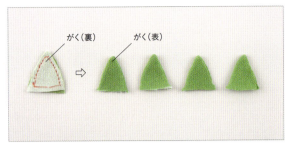

9 がく2枚を中表に合わせて縫い、表に返します。これを全部で5枚作ります。

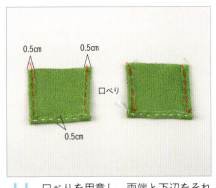

11 口べりを用意し、両端と下辺をそれぞれ0.5cm折り、縫います。

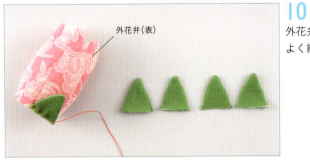

10 外花弁の周囲にがくをバランスよく縫いとめます。

12 内袋を入れがくの周囲に口べりを外づけでつけ（17ページ参照）、ひもを通します。

13 つぼみを順に中表に合わせて輪に縫い、表に返し中央に5か所タックを縫います。

14 化繊綿を入れます。

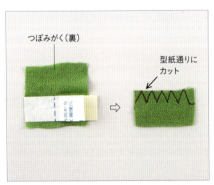

15 がく用布の間に両面接着芯を挟んで貼り、型紙通りに裁ちます。

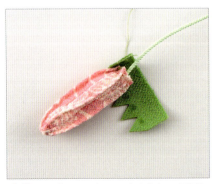

16 つぼみにひもの一方を入れ、周囲にがくを巻きます。

17 がくの布端を折り込み、がくをつぼみに縫います。

18 葉は中表に合わせて縫い、縫い代を切り揃えます。

19 表に返し、葉脈を刺しゅうします（刺しゅうは81ページ参照）。

20 ひものもう一方を入れ、縫いとめます。

21 花弁の中に化繊綿を入れます。

22 ひもを結んででき上がり。

材料
ちりめん　赤15×30cm　赤柄10×15cm
　　　　　黒・白・ピンク　各少々
接着芯20×30cm
ピンク打ちひも35cm
赤絹手縫い糸・白リリヤン適宜
ハガキ・両面接着シート適宜　化繊綿少々
※縫い代は指定外すべて0.5cmつける

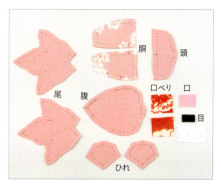

1　頭、腹各1枚、胴、尾、ひれ各2枚に接着芯を貼り、縫い代をつけて裁ちます。口、口べりは接着芯を貼らずに裁ちます。

2　尾は2枚を中表に合わせて縫い、縫い代を切り揃えます。

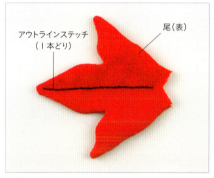

3　表に返し、刺しゅうをします（刺しゅうは81ページ参照）。

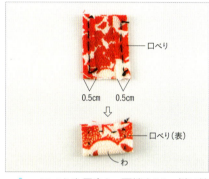

4　口べりを用意し、両端を0.5cm折り縫い、外表に半分に折ります。

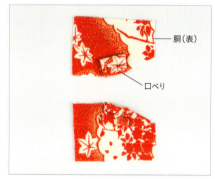

5　胴の袋口にそれぞれ口べりを縫います。

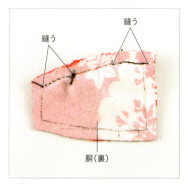

6　胴2枚を中表に合わせ、袋口以外を縫い合わせます。

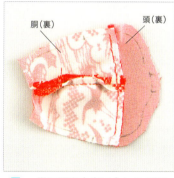

7　胴に頭を中表に合わせて縫います。

8　ひれを中表に折り、返し口を残して縫い表に返します。

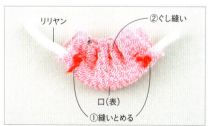

9　口を外表に半分に折り、中にリリヤンを挟んで両端を縫いとめ、縫い代をぐし縫いし糸を引いてカーブにします。

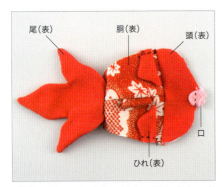
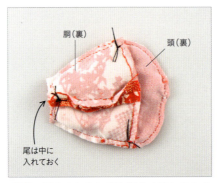

10 胴にひれをしつけし、尾と中表に合わせて縫います。頭に口を縫いとめます。

11 尾を中に入れ胴と腹を中表に合わせ3か所印を合わせてとめ（一針すくって結ぶ）をし、周囲を縫います。

12 袋口から表に返し、ひもを通します。

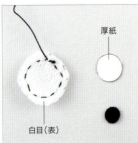

13 白目を円形にぐし縫いし、中に厚紙を入れ糸をひいて絞ります。黒布に両面接着シートを貼って円形にカットし白目に貼ります。

14 頭に目を貼り、化繊綿を入れて、ひもを花結びにします（80ページ参照）。

15 でき上がり。

制作／原田みほ
作り方99ページ

12. 小菊袋

古くから季節を代表する花や実が
ちりめん細工として作られ、秋は菊や桔梗、
ホオズキや柿などが好んで作られました。
菊は大型のものが多く、かわいい小菊袋は珍しい。
制作／1・3・4・5・6 南尚代
　　　2・7・8 相馬玉枝
実物大型紙p.107
作り方解説／南尚代

材料

ちりめん　黄15×30cm
　　　　　緑10×20cm
　　　　　黄緑しぼり10×10cm
白薄絹10×10cm　接着芯20×30cm
黄緑打ちひも…35cm
刺しゅう糸、化繊綿適宜
※縫い代は指定外すべて0.5cmつける

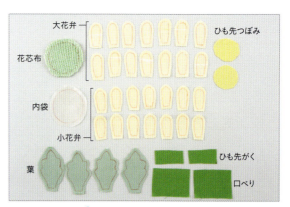

1 大花弁、小花弁各14枚と葉4枚は接着芯を貼り、縫い代をつけて裁ちます。花芯布、内袋各1枚は縫い代をつけ口べり2枚、ひも先つぼみ、ひも先がく各2枚は裁ち切りで接着芯を貼らずに裁ちます。

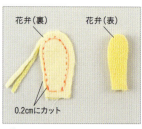

2 大花弁2枚を中表に合わせて縫い、縫い代を切り揃えます。表に返します。これを7枚作ります。

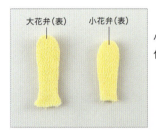

3 小花弁も同様にして縫い、7枚作ります。

4 大花弁と小花弁を交互に並べて、9cmの輪になるように縫います。

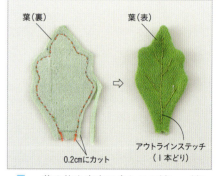

5 葉2枚を中表に合わせて縫い、縫い代を切り揃えます。表に返し、葉脈を刺しゅうします(刺しゅうは81ページ)。

6 花芯布と内袋布を外表に合わせ、円形にぐし縫いします。

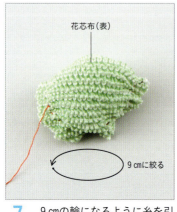

7 9cmの輪になるように糸を引いて絞ります。

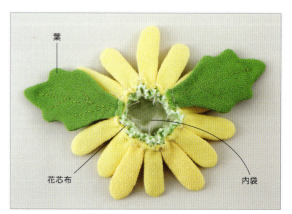

8 花弁と花芯を合わせてしつけをし、葉を縫いとめます。

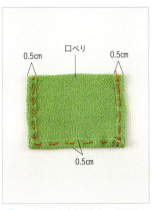

9 口べりを用意し、両端と下辺をそれぞれ0.5cm折り、縫います。

10 花弁の周囲に口べりを中表に合わせて縫います。

11 内側にまつります。

12 口べりにひもを通します。

13 円形にぐし縫いしたひも先つぼみにひも先と綿を入れ、糸を引いて球状に作ります。さらに針を中心から下へと入れ8等分に絞ります。

14 ひも先がくの下辺を0.5cm折って縫い、さらに中表に輪に縫った中にひも先を通します。

15 もう一方の端を縫い絞り、ひも先つぼみの下に合わせてまつります。

16 ひもを結んで、でき上がり。

13. コスモス袋

秋桜の名もある小型のコスモスの花は
メキシコが原産。
日本に渡来してきたのは今から
150年ほど前の明治時代初期です。
日本の秋によく似合います。
制作／1・5 仲嶋真弓　2・3 重松眞弓
　4 辻芳子
実物大型紙 p.108
作り方解説／辻芳子

材料
ちりめん ピンク15×30cm 緑10×15cm
　　　　　黄5×25cm 茶2×5cm
白薄絹5×10cm 接着芯20×30cm
黄緑打ちひも…35cm 極細ワイヤー 80cm
片面接着芯、化繊綿適宜
※縫い代は指定外すべて0.5cmつける

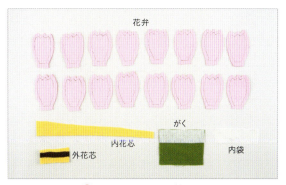

1　花弁16枚は接着芯を貼り、縫い代をつけて裁ちます。内花芯、外花芯、がく（6×6.5cm）、内袋各1枚はすべて裁ち切りで接着芯を貼らずに裁ちます。

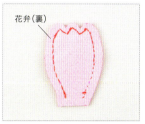

2　花弁2枚を中表に合わせて縫い、縫い代を切り揃えます。

3　表に返します。これを8枚作ります。

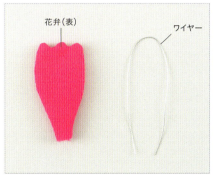

4　花弁の形に合わせて接着芯ではさんだワイヤーを8つ作ります（22ページ参照）。

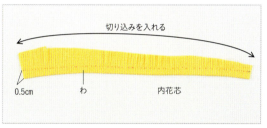

5　内花芯を用意します。内花芯2枚の間に両面接着芯をはさんでアイロンで貼ります。下部分0.5cmを残して細かい切り込みを入れます。

6　内花芯を幅の広い方から巻いて縫いとめます。

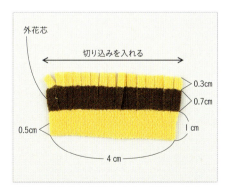

7　外花芯を用意します。写真のように黄と茶を帯状に並べた2枚の間に両面接着芯をはさんでアイロンで貼ります。下部分0.5cmを残して細かい切り込みを入れます。

8　内花芯の周囲に外花芯を巻いて縫いとめます。

9　少しずつ重ねながら、花芯の周囲にバランスよく花弁を縫います。

10 がくを外表に半分に折り、間に両面接着芯をはさんで貼りカットします。中表に輪に縫います。

11 花弁の周囲に額を縫います。

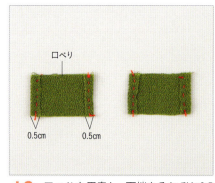

12 口ベりを用意し、両端をそれぞれ0.5cm折り、縫います。

13 花弁の周囲に外表に半分に折った口ベりを合わせて縫います。

14 内袋を中表にして輪に縫い、縫い代を片側に倒します。

15 がくの周囲に内袋を合わせて縫います。

16 内袋の底を均等に5か所すくってとめます(25ページ参照)。ひもを通します。

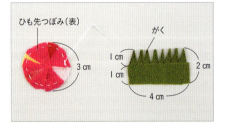

17 直径3cmにカットした片面接着芯の上に三角形にカットした布をアイロンで貼り、周囲をぐし縫いしひも先つぼみを用意します。写真のようにがくを用意します。

18 一方のひも先を入れて中に綿を入れてひも先つぼみを引き絞ります。輪に縫ったがくを縫いつけます。

19 つぼみにがくを縫いつけます。

20 ひもを結んで、でき上がり。

14. 美男葛袋

常緑のつる性の植物。
美男葛の名は
樹液が整髪に使われたから。
秋に可愛い小さな球が集まった実がなり、
お茶花として有名です。
ちりめん細工としては初登場です。
制作／竹内友美
実物大型紙p.108
作り方解説／竹内友美

材料
ちりめん　赤15×30cm　薄茶色5×10cm
　　　　　緑15×30cm
接着芯15×30cm
黄土色打ちひも…45cm
直径0.7〜0.8cmスチロール玉25〜30個
紙巻ワイヤー#24 25cm　化繊綿適宜
※縫い代は指定外すべて0.5cmつける

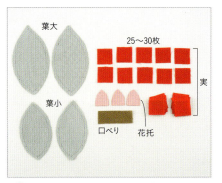

1　花托3枚は裁ち切りで葉大・小各2枚は縫い代をつけ、それぞれ接着芯を貼って裁ちます。実25〜30枚、口べり1枚はすべて裁ち切りで接着芯を貼らずに裁ちます。

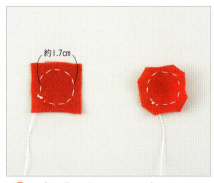

2　実を作ります。2.5cmの布を円形にぐし縫いし、四隅をカットします。

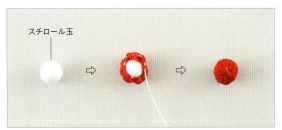

3　中にスチロール玉を入れて糸を引き絞ります。これを25〜30個作ります。

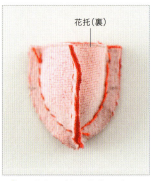

4　花托3枚を中表に合わせて縫います。

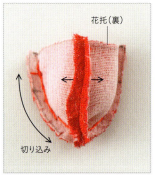

5　縫い代に切り込みをいれ、割ります。

6　表に返し、中に化繊綿を入れます。

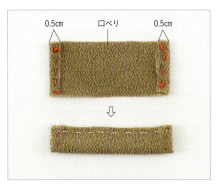

7　口べりを用意し、両端をそれぞれ0.5cm折って縫います。外表に半分に折り、しつけをします。

8　花托の周囲に口べりを合わせて縫います。

9 口べりにひもを1本通します。

10 花托が見えなくなるように、バランスよく実を縫いつけます。

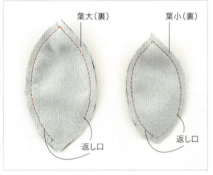

11 葉大小をそれぞれ中表に合わせ、返し口を残して縫います。

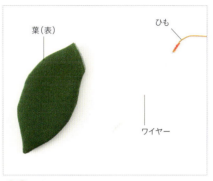

12 表に返し、ワイヤーを形作り、片側にひも先を縫いつけます。

13 返し口から葉の中に入れ、返し口を閉じます。

14 葉を半分に折り、中に通っているワイヤーを芯にしてくるむように葉の表から巻きかがります。

15 ワイヤーを形よく整えます。

16 ひもを結んで、でき上がり。

15. いが栗

栗の実は成熟するまで動物に食べられないよう、硬いいがのある殻で守られ、実が成熟すると殻が割れて中から栗の実が出てきます。そんないが栗を作りました。
制作／1・5・6 高橋公子　2・7 梅木美枝
3・4 伊藤智子
実物大型紙p.88
作り方解説／高橋公子

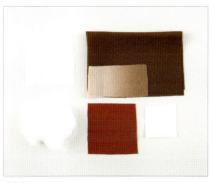

材料
ちりめん こげ茶20×30cm
　　　　　赤茶10×10cm
　　　　　茶ぼかし5×10cm
接着芯15×30cm　両面接着芯5×5cm
化繊綿適宜
※縫い代は指定外すべて0.5cmつける

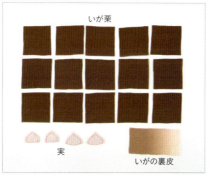

1　実4枚は縫い代をつけ、接着芯を貼って裁ちます。いが栗15枚（各6×6cm）といがの裏皮（4×8cm）は裁ち切りで接着芯を貼らずに裁ちます。

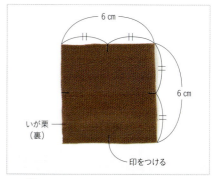

2　辺の中心4か所に印をつけます。

3　いがを作ります。写真のように下辺と左辺を折り、布をすくってAを縫いとめます。

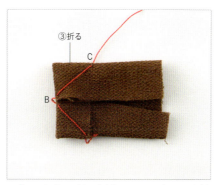

4　さらに上辺を折り、2か所BとCを縫いとめます。

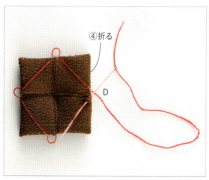

5　右辺を折り、布をすくってDを縫いとめます。

6　Aに戻って布をすくい、糸を引き絞ります。これで一つできました。

7　同じものを15個作ります。2個ずつつないだもの6組作って順に縫い合わせ、まとめて形作ります。3個は縫わずに残しておきます。

8　これでいが栗ができました。

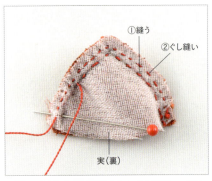

9 実2枚を中表に合わせて縫い、縫い代をぐし縫いして糸を少し引き、いせます。

10 縫い代を割ります。

11 表に返し中に化繊綿をいれ、中心に糸を通して結びます。

12 実2個を合わせて内側を縫いとめます。

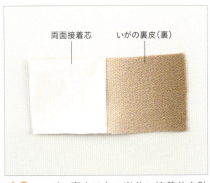

13 いがの裏皮は布の半分に接着芯を貼って外表に折り、アイロンで貼ります。

14 いが栗の中に裏皮を押し込んでボンドで貼ります。

15 裏皮の中心部分にボンドを貼り、実をぎゅっと押し込んで貼ります。

16 いが栗の隙間に7で残しておいたもの3個をバランスよく入れて縫います。

17 いがの裏皮を形よくカットしてでき上がり。

16. 和菓子

洋菓子に対して日本の伝統的な菓子を
和菓子と言います。
視覚的にも美しく、季節感あふれた
和菓子をちりめん細工として作りました。
制作／大西初美
実物大型紙p.109
作り方解説／大西初美

牡丹
材料
ちりめん ピンクぼかし25×30cm
　　　　　 黄緑2×10cm
接着芯25×30cm　水引10cm
両面接着シート・化繊綿各適宜
※縫い代は指定外すべて0.5cmつける

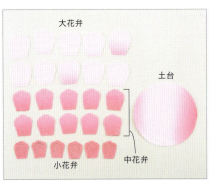

1　大花弁10枚、中花弁10枚、小花弁6枚はそれぞれ縫い代をつけ、接着芯を貼って裁ちます。土台は裁ち切りで接着芯を貼って裁ちます。

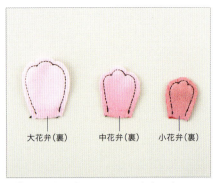

2　花弁2枚をそれぞれ中表に合わせて縫い、縫い代を切り揃え、凹部分に切り込みを入れます。

3　花弁を表に返し、返し口にしつけをします。

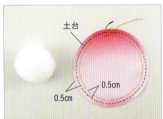

4　土台の周囲を円形に2周ぐし縫いします。

5　中心に綿を入れ、2本の糸を引き絞ります。糸を渡して縫い、口を閉じます。

6　絞った面を上にします大花弁を土台に縫います。

7　さらに中花弁、小花弁の順にバランスよく土台に縫い、花弁の凹み部分を縫いとめておきます。

8　花芯を3本作り(69ページ参照)、中心にボンドで貼ります。

9　でき上がり。

桜（材料：ピンクちりめん・接着芯20×30cm、黄緑ちりめん・水引・両面接着テープ・化繊綿・黄絹手縫い糸各適宜）

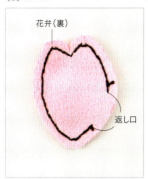

1　花弁2枚をそれぞれ中表に合わせて縫い、縫い代を切り揃えます。

2　表に返し、返し口をまつります。これを5枚作ります。

3　土台を作り（68ページ参照）花弁を縫います。

4　花弁に刺しゅうをします（刺しゅうは81ページ・ここでは目立つように色の糸を使っています）。

5　花弁の凹み部分を土台に縫いとめます。

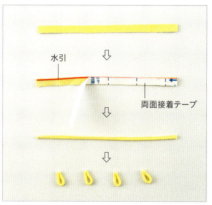

6　花芯を作ります。花芯布に水引を置き、両面接着テープを貼って巻きます。カットし、中央で半分に折り、ボンドで貼ります。

7　花芯を中心にボンドで貼って、できあがり。

干菓子（材料：肌色ちりめん・厚紙・両面接着シート各10×10cm、黄緑・緑・白ちりめん・絹糸適宜、グリッターペン）

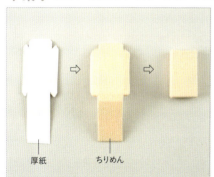

1　型紙通りに厚紙をカットします。ちりめんに両面接着シートを貼り、型紙通りにカットします。厚紙にちりめんを貼り、箱型に組み立てます。

2　両面接着シートを貼ったちりめんをカットし、松を2枚作りグリッターペンで描きます。

3　2にボンドで貼てでき上がり。もう笹と梅は絹糸を貼って、同様に作ります。

紫陽花 (材料:紫ぼかしちりめん・接着芯各12×12cm、白・黄・水色・ピンクちりめん各適宜、化繊綿)

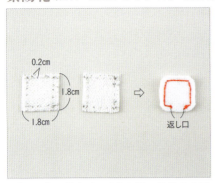

1 花14枚(1.8cm角)を裏に接着芯を貼ってカットします。2枚を中表に合わせ、縫い代0.2cmで返し口を残して縫います。

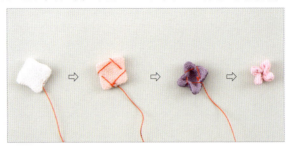

2 表に返し返し口をまつり、写真のように各辺の中心を4か所すくって糸を引き絞り花を作ります。

3 花芯を7枚(1cm角)でカットし、丸くぐし縫いし、縫い代を中に入れ込んで糸を引き絞ります。花の中心に針を入れ、縫いとめます。

4 同様にして花を7個作ります。

5 土台を作り(68ページ参照)花をバランスよく縫いとめます。

6 でき上がり。

よもぎ (材料:二段ぼかしちりめん・接着芯各12×12cm、黄ちりめん・水引・両面接着テープ、化繊綿各適宜)

1 土台布を用意し、円周を6等分にした印をつけます。

2 隣り合った印と印を支点に縫い代約1cmを内側におり、印6か所を針ですくいます。中に化繊綿を入れて糸を引き絞ります。

3 同方向に倒して一針ずつとめます。中心に花芯(69ページ参照)をボンドで貼ります。

4 でき上がり。

椿（材料：赤ちりめん・接着芯各15×20cm、赤柄ちりめん5×25cm、黄ちりめん2×10cm、ペップ11本、両面接着シート、化繊綿適宜）

1 花弁10枚（表・裏各5枚）を裏に接着芯を貼って縫い代をつけて裁ちます。2枚をそれぞれ中表に合わせて縫い、縫い代を切り揃えます。

2 表に返し、5枚を半分ずつ重ねて縫いとめます。

3 土台を作り（68ページ参照）、上に花弁を縫います。

4 花弁の中心を土台に縫いとめます。

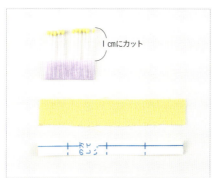

5 花芯を作ります。ペップ11本を用意し、長さ約1cmにカットします。7.5×1.2cmのちりめんと両面接着テープを用意します。

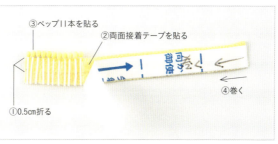

6 ちりめんの上部を0.5cm折り、その上に両面接着テープを貼り、上からペップを並べます。はくり紙をはがしペップを貼っていない側からぐるぐる巻いていきます。

7 花弁の中心に花芯をボンドで貼ります。

8 でき上がり。

17. 招き猫

前足を上げた猫の置物で、
商売繁盛の縁起物です。
右手を上げている猫は金運を招き、
左手を上げている猫は人を招くとされています。
制作／宗片由美子
実物大型紙p.110
作り方解説／宗片由美子

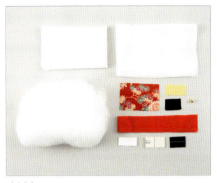

材料
ちりめん　白30×30cm　赤5×30cm
　　　　　赤柄5×15cm
　　　　　黒・黄　各少々
接着芯30×30cm
両面接着テープ　ケント紙各少々
テグス0.6号　70cm　化繊綿　鈴1個
※縫い代は指定外すべて0.5cmつける

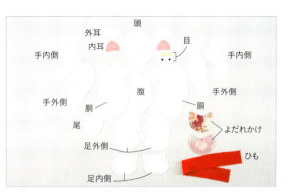

1　頭、腹、尾各1枚、胴、耳(外と内)、手・足(外と内)、よだれかけ各2枚に接着芯を貼り、縫い代をつけて裁ちます。ひもは接着芯を貼らずに2.5×22cmに裁ちます。

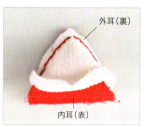

2　外耳と内耳を中表に合わせて印から印まで縫います。

3　表に返し、外耳の下側の縫い代を内側に折り、しつけをします。

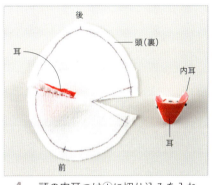

4　頭の内耳つけ①に切り込みを入れ、内耳のみを挟んでダーツ部分を縫います。

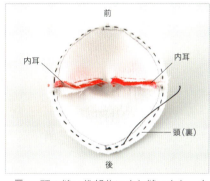

5　頭の縫い代部分にぐし縫いをし、糸を少し引いていせます。

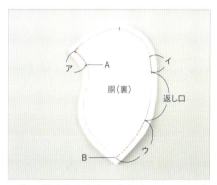

6　胴2枚を中表に合わせ、ア、イ、ウの部分を縫います。

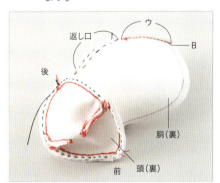

7　胴に頭を合わせ、縫い合わせます。返し口の縫い代を折り、しつけをかけます。

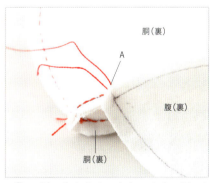

8　胴に腹を中表に合わせます。胴のAに腹の先端を合わせて縫い始めます。

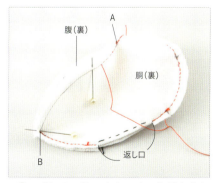

9　胴のBに腹のもう一方の先端を合わせてA〜Bを縫います。縫い代を切り揃え、返し口から表に返します。

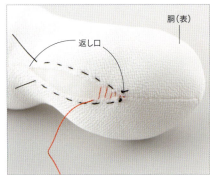

10 返し口から綿をしっかり入れ、返し口を閉じ、しつけを外します。

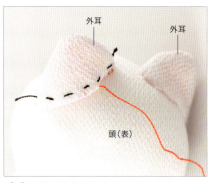

11 外耳を頭に形よくまつります。

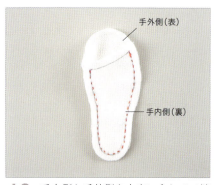

12 手内側と手外側を中表に合わせて縫います。

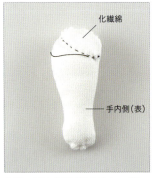

13 表に返し綿を入れ、縫い代部分をぐし縫いし、糸を引いていせます。

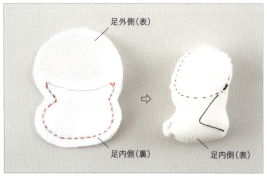

14 足内側と足外側を中表に合わせて縫い、表に返し綿を入れ、縫い代部分をぐし縫いし、糸を引いていせます。

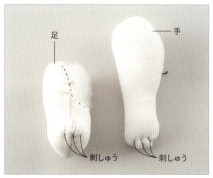

15 手と足に爪を刺しゅうします。

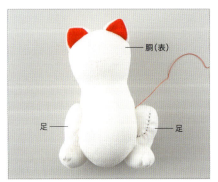

16 胴に足を縫いつけます。

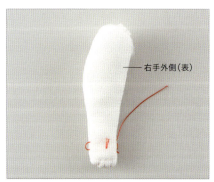

17 右手は手の平が少し外側に向くように手外側に針を入れ、糸を引きます。

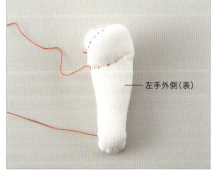

18 左手は手外側の肩が曲がるように、手の平は内側に向くように針を入れ、糸を引きます。

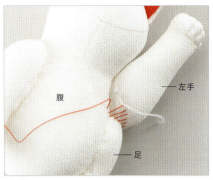

19 胴に手を縫いつけます。

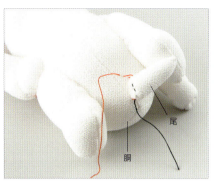

20 尾を中表に半分に折って縫い、表に返し中に綿を入れて胴に縫いつけます。

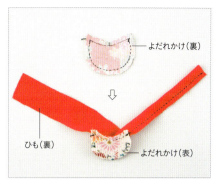

21 よだれかけ2枚を中表に合わせて縫い、表に返します。よだれかけの中心とひもの中心を合わせて縫います。

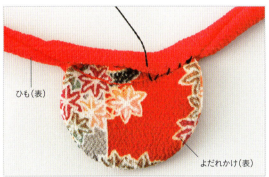

22 結びひも部分を中表に合わせて縫い、表に返し、残した部分をよだれかけにまつります。

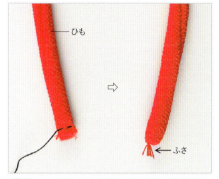

23 ひも先をぐし縫いし、縫い代を中に入れて糸を引きます。ひも先にふさを作ります（81ページ参照）。

24 円形にカットしたケント紙にそれぞれ黄色と黒のちりめんを貼り、重ねてボンドで貼ります。

25 顔に目を貼り、鼻と口を刺しゅうしテグスでひげをつけ、ひもに鈴を縫いつけます。

26 でき上がり。

18. 獅子頭袋

新春を祝って舞い踊る、
お目出度い獅子舞の頭を
ちりめん細工として作りました。
舌の部分を袋にして、お香などが
入れられるよう工夫しています。
制作／松井七重
実物大型紙p.111
作り方解説／松井七重

材料
ちりめん 赤15×30cm 黒10×15cm
　　　　 緑柄12×30cm
内袋用布(赤)10×25cm 金布10×20cm
接着芯15×30cm 両面接着シート10×20cm
板目紙10×20cm 緑打ちひも70cm
すが糸15cm 水テープ50cm ステックのり
はがき 化繊綿 ドミット芯各少々
※縫い代は指定外すべて0.5cmつける

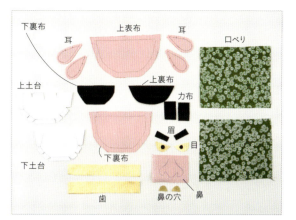

1　上表布、下表布各1枚、耳4枚、鼻1枚は接着芯を貼り、縫い代をつけて裁ちます。上裏布・下裏布、口べり、目、眉、歯、鼻の穴、力布、上土台、下土台(板目紙)も裁ちます。

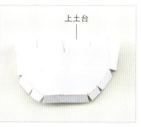

2　型紙通りにカットした上土台に切り込みを入れます。

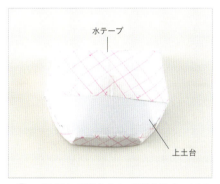

3　目打ちで筋を入れて形を作り、口と頭部分に水テープを貼ります。

4　下土台も同様にして作ります。これでしっかり土台ができました。

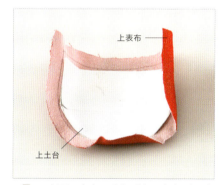

5　上下の土台にそれぞれ、しわができないようにボンドで表布を貼ります。

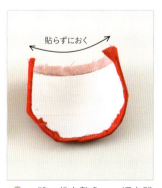

6　縫い代を整え、一辺を残して裏側に折ってボンドで貼ります。

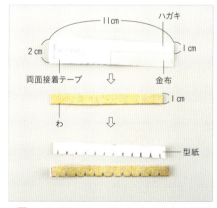

7　はがきを1×11cmにカットし、両面接着芯を貼って金布を貼ります。歯の型紙を作り歯型をカットします。

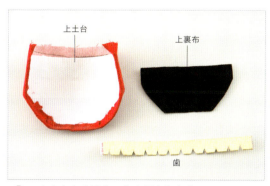

8　上土台と上裏布、歯を用意します。

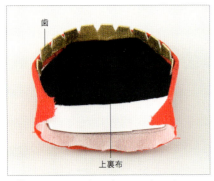
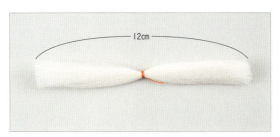

9 　上土台の裏にボンドで歯を貼り、両面接着シートで上裏布を貼ります。同様に下土台も作ります。

10 　すが糸の束を用意し、中心を糸で結びます。

11 　半分に折り、先端1.5cm位をボンドで固めます。

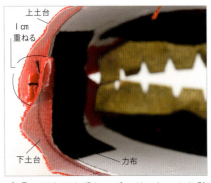
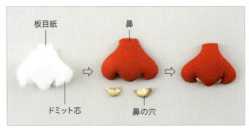

12 　頭上下を重ね、ボンドでしっかり貼り、裏から力布を貼ります。

13 　板目紙でカットした鼻にドミット芯3枚を重ね、その上からちりめんを貼ります。穴部分も板目紙の上に金布を貼って作り、裏から貼ります。

14 　上土台に鼻を貼ります。

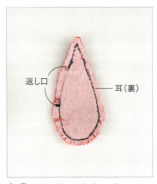

15 　上土台に白髪を縫いとめます。

16 　外2枚を中表に合わせ、返し口を残して縫います。

17 　表に返し、返し口から綿を入れ、返し口をまつります。

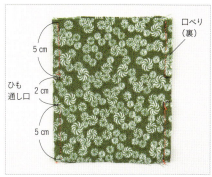

18 口べり2枚を中表に合わせて、ひも通し口を残して縫います。

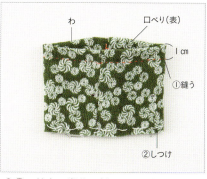

19 外表に半分に折り、ひも通し口を縫い、下部分をしつけします。

20 内袋を中表に合わせて輪に縫います。

21 頭に口べり、内袋を合わせて縫います。

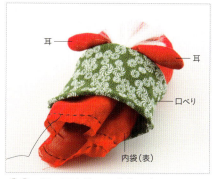

22 頭に耳を縫い、内袋の底をぐし縫いし、糸を引いて絞ります。中に入れ込みます。

23 前から見たところ。

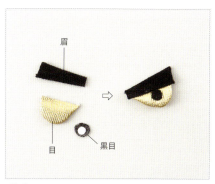

24 板目紙の目の土台に両面接着シートを貼って金布でくるみ、眉同様にした目と黒目を貼ります。

25 頭に目を貼り、ひもを通します。

26 ひもを結んで、でき上がり。

ひも先飾りの作り方

この本に登場したものを含めたひも先飾りの作り方とひも先の結び方などをご紹介します。ひも先飾りの花のつぼみや実などは当館講師の創作考案によるものです。

小さいポンポン

1
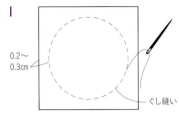
2
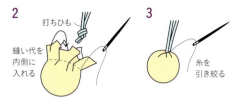
3

つぼみ①

花 1 2　がく 3 4 5
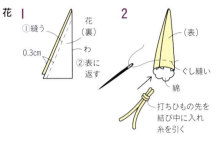 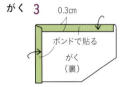 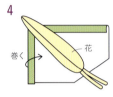 

つぼみ③

花びら 1　2 ぐし縫いをして糸を引きしぼる　3 4枚作る　がく 4 5 6 7
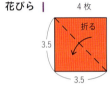  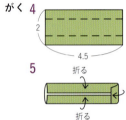  

ひもの結び方

花結び

1 2 3 4 5 6 7 わを引いて形を整える
 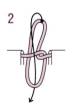   

矢印の方向に引いて中心をしめる

吉祥結び

1 1周め：右回り　2 右の輪を下の輪にのせる　3 下の2本を左の輪にのせる　4　5
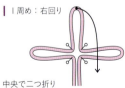 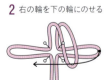 

中央で二つ折り（または2本で結ぶ）してピンでとめ、左右に同じ大きさの輪を作る　少しゆるめに折り返す　　左の輪を通す　4方向に軽く引きしめる（きつく引くと仕上がりの耳が小さくなる）

6 2周め：左回り　7　8　9　10　11

上の2本を左の輪にのせる　左の輪を下の輪にのせる　下の輪を右の輪にのせる　右の輪を通す　くずさないように注意して引きしめ、耳を作る　表／耳

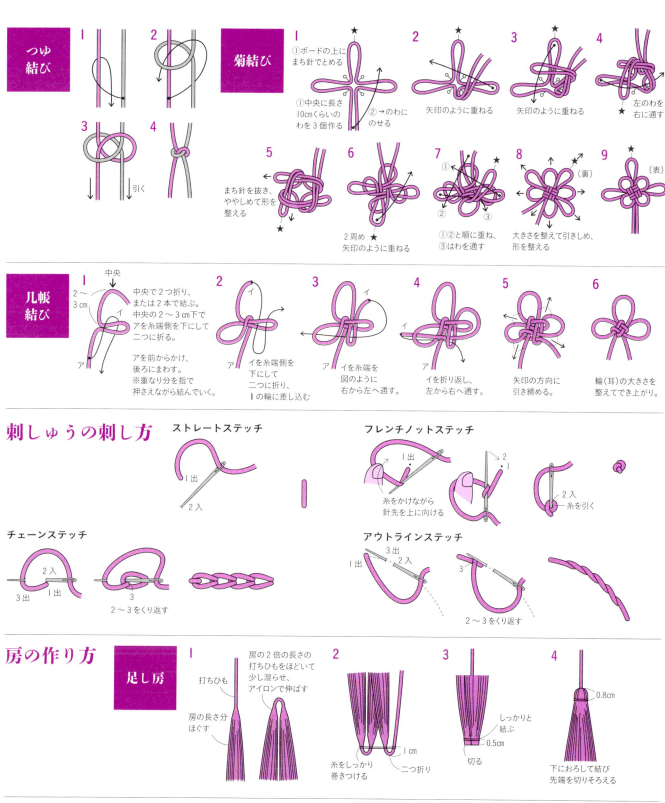

桜のつるし飾り 口絵p.4

- ■材料〈組み立てる材料〉
太さ3mm打ちひも40cmを3本、0.8mm打ちひも60cmを6本
- 〈ちりめん細工〉桜袋7個、八重桜袋2個
- ■でき上がり寸法　約58×8cm

- ■作り方
1. ちりめん細工を作る。
2. 吉祥結びを3個作る。
3. 打ちひもを二つに折り図を参照にしてちりめん細工の後ろに縫いとめる。
4. 上にひも結びを縫いとめる。

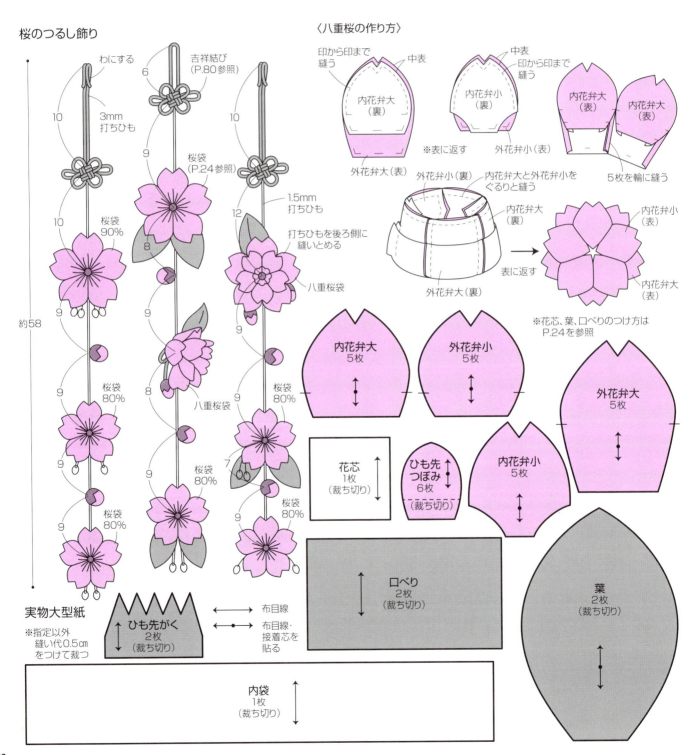

大山蓮華のつるし飾り　口絵p.8

■材料〈組み立てる材料〉
太さ2mm打ちひも40cm、1.5mm打ちひも80cm、ビーズ6個
〈ちりめん細工〉大山蓮華6個
■でき上がり寸法　約60×18cm
■作り方
1. ちりめん細工を作る。
2. 吉祥結びを作る。
3. 図を参照してちりめん細工とビーズを順番に通し、上にひも結びをつける。

大山蓮華のつるし飾り

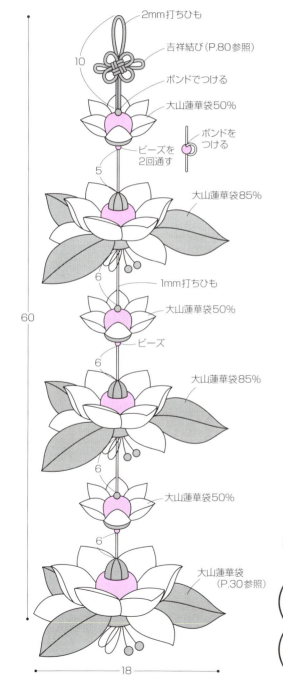

ひまわりのつるし飾り　口絵p.47

■材料〈組み立てる材料〉
1.5mm打ちひも80cmを3本
〈ちりめん細工〉ひまわり袋10個、葉22枚
■でき上がり寸法　約36×6cm、34×8cm
■作り方
1. ちりめん細工を作る。
2. 打ちひもの中心でつゆ結びを作る。
3. 2を針に通しちりめん細工の後ろに通して最後はわにしてひもの余りを始末する。
4. 葉を縫いとめる。

ひまわりの2連飾り

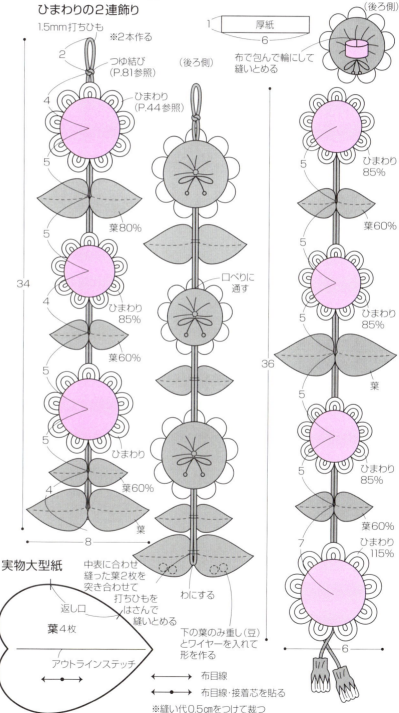

春のつるし飾り　口絵p.5

■材料〈組み立てる材料〉
直径20cmの竹の輪1個、厚紙2×65cm・1.5×65cm各1枚、打ちひも…太さ1mm×5cmを4本、2mm×20cmを4本、3mm×70cm、穴糸、2.5cmのウッドビーズ1個、スプリングホック5個、ビーズ12個、鈴5個

〈ちりめん細工〉木目込みまり1個、房1個、つまみ飾り8個、うぐいす袋2個、蝶袋2個、七宝まり4個

■でき上がり寸法　約53×21cm
■作り方
1. 図を参照に輪を作る。
2. ちりめん細工を作る。
3. ひも結びを作り上にスプリングホックをつけ下に木目込みまりと房をつけて輪の中心につるす。
4. 図を参照してちりめん細工とビーズを順番に通し、スプリングホックを付けて輪の内側4カ所に引っ掛ける。

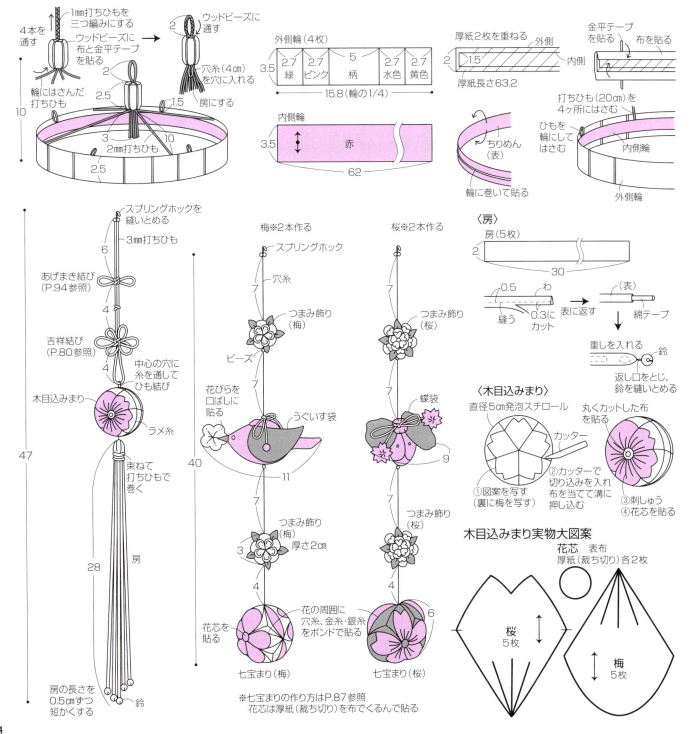

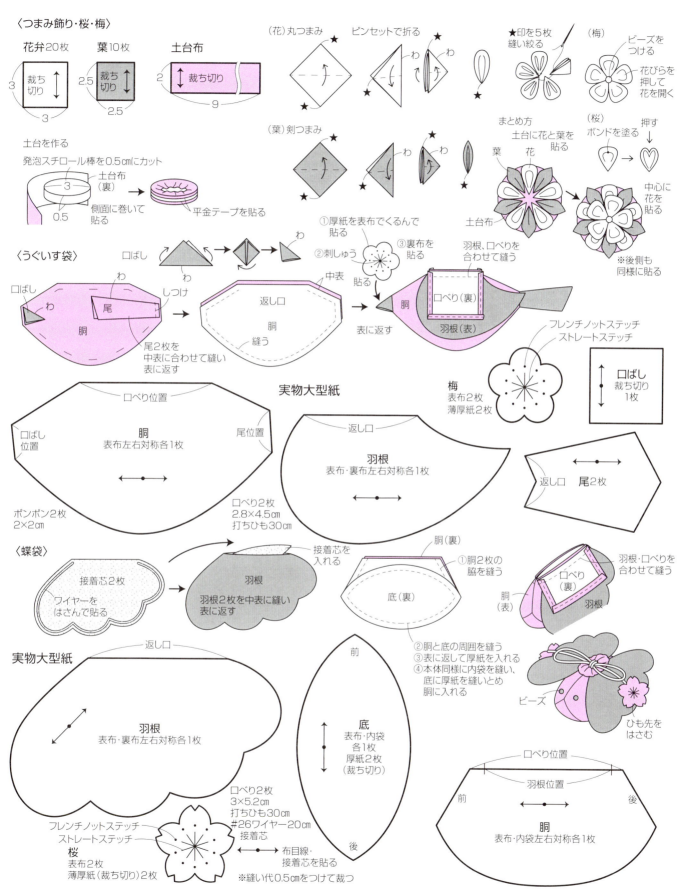

招き猫と変わり風船袋　口絵p.6

- ■材料〈組み立てる材料〉太さ1.5mm打ちひも 2色 70cm、1mm打ちひも40cmを2本、穴糸
  〈ちりめん細工〉風船袋4個、すずめ2個、ひよこ2個、金魚2個、おさるっこ4個、招き猫1個
- ■でき上がり寸法　約32×4.5cm、約30×5cm

■作り方
1. ちりめん細工を作る。
2. 2本のひもで吉祥結びを作る。
3. 風船袋に穴糸を通し、長さを変えて4本を作る。まとめてひも結びの後ろにとめる。
4. 図を参照にしてひもにちりめん細工を順番に通し、上で輪を作る。

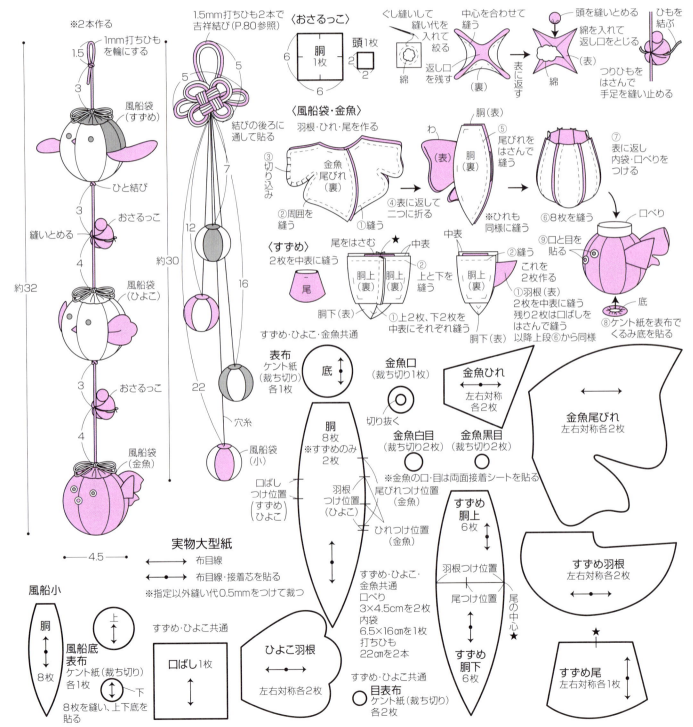

桜形七宝まり　口絵p.3

■材料
ちりめん…黒30×30cm、ピンク30×15cm、接着芯30×45cm、黄絹糸・化繊綿

■作り方
1. ちりめんに接着芯を貼り、各パーツを裁つ。Aを中表に合わせ、一辺を返し口を残して縫う。
2. BとB'を中表に合わせて縫う。
3. 1と2を中表に縫う。
4. 表に返して綿を詰めて返し口を閉じる。刺しゅうをする。これを10個作る。
5. DとCを4と同様に5個作る。
6. 大5個、小5個、大5個の中心をすくい絞って結ぶ。しべの中心5個をまとめ、B'とDを4個まとめて球体に仕上げる。

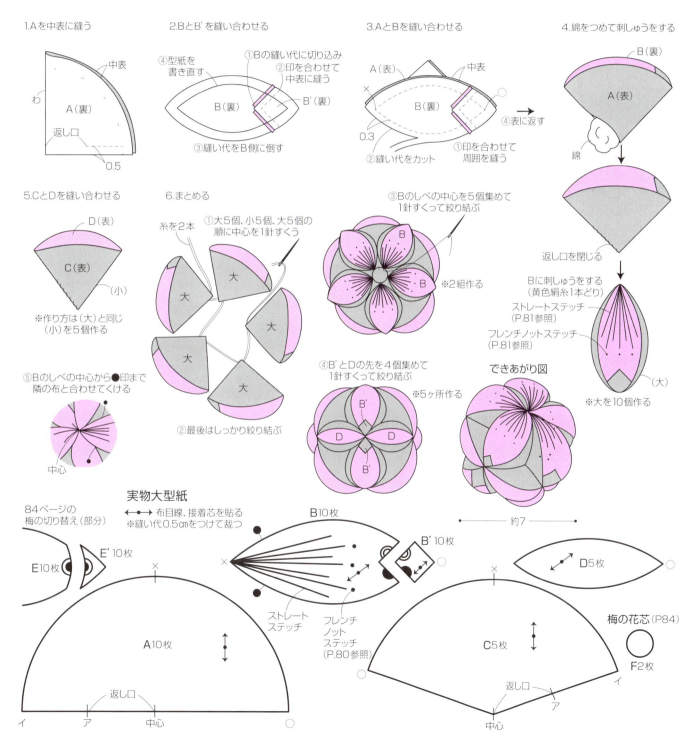

秋の森のつるし飾り　口絵p.10

- ■材料〈組み立てる材料〉太さ1.5mm打ちひも50cmを2本、太さ0.8mm打ちひも40cm、ビーズ4個、つり輪3個
- 〈ちりめん細工〉つたの葉2枚、栗袋2個、いが栗2個、どんぐり4個、文福茶釜2個、みの虫1個、葉大3枚、小4枚
- ■でき上がり寸法　約40×10cm、28×4cm

作り方
1. ちりめん細工を作る。
2. 図を参照にしてひもにちりめん細工とビーズを順番に通す。2本作る。
3. みの虫にひもを通し、ひもに葉を縫いとめる。
4. 2・3の葉の裏につり輪を縫いとめ、ひもの先端を結ぶ。

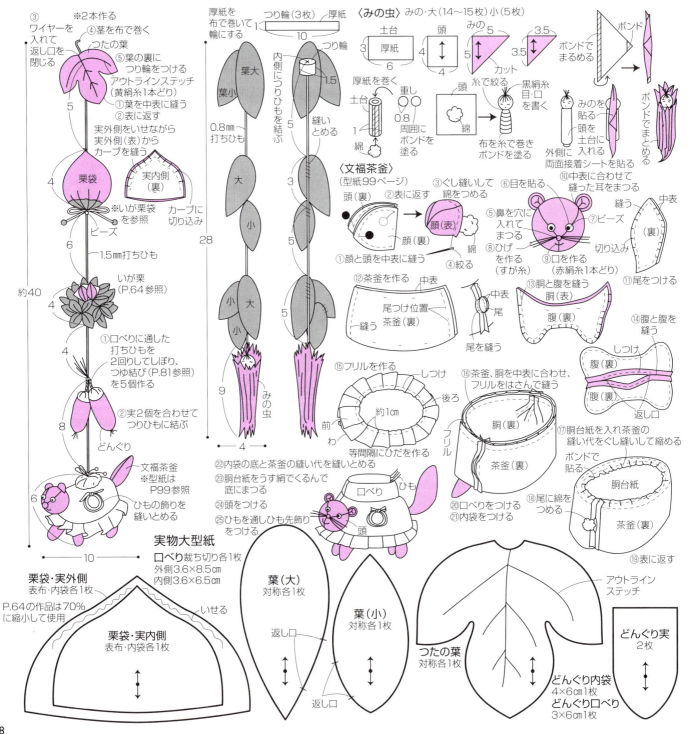

椿のちりめん細工　口絵p.1

■材料
ちりめん…ピンク30×20cm、黄色25×5cm、白10×15cm、緑柄25×10cm、緑10×12cm、白薄絹10×15cm、接着芯30×20cm、茶の打ちひも50cm、化繊綿少々

■作り方
1. 花弁2枚を中表に縫い表に返す。
2. 花芯Bを二つに折りぐし縫いして絞り、丸く巻く。花芯Aを輪に縫い折り線をぐし縫いし、Bをわを下にして入れ絞り表に返す。
3. 内袋を作り花芯の内側に仮止めする。
4. 3に花弁を仮止めする。
5. 口べりをつける。
6. がくを作り花弁の周囲に絞りながら縫いとめる。
7. ひも先飾りを作る。

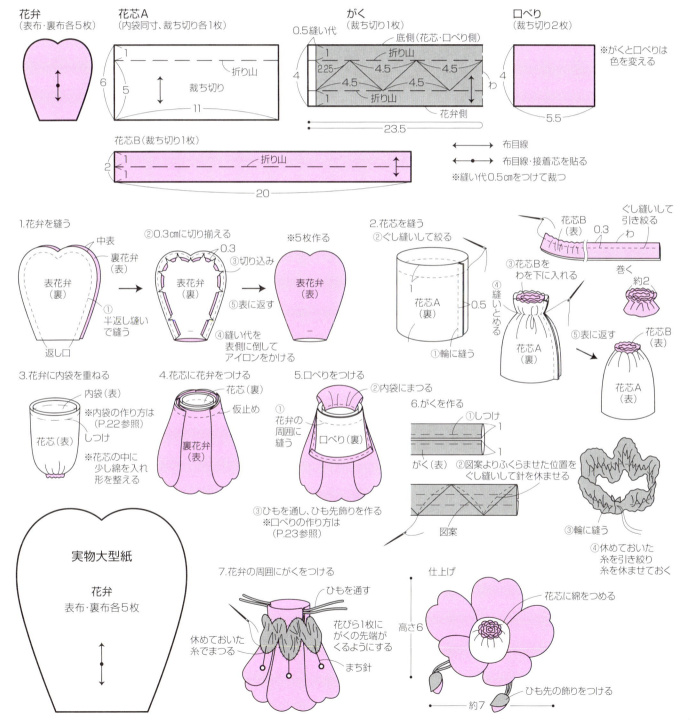

端午のくす玉　口絵p.7

■材料〈組み立てる材料〉
太さ3mm打ちひも紫・赤・水色・緑・黄各350cm、厚紙16×31cm、和紙40×20cm、キルト綿20×20cm、ワイヤー♯28白を4本(花びら、柏の葉)・♯24緑を5本(菖蒲、蓬の葉)、マジックテープ2.5×3cm、直径1.5cmのスチロール玉を3個、ペップ(小)両面接着シート

(ちりめん)緑30×30cm　赤・白・緑2種各30×20cm　紫・黄色少々

〈ちりめん細工〉柏1個、つつじ赤・白各5個、よもぎ1枚、菖蒲の葉3枚、つまみ細工適宜

■でき上がり寸法　約108×17cm
■作り方
1. ちりめん細工を作る。
2. ひも5本の中央にあわじ結びを作る。
3. 土台を作る。
4. よもぎと菖蒲の葉をまとめてちりめんでくるみ、マジックテープを貼る。
5. 土台に柏とつつじをバランス良く貼る。すき間につまみ細工を貼る。
6. 土台後ろに2を貼り、4をつける。

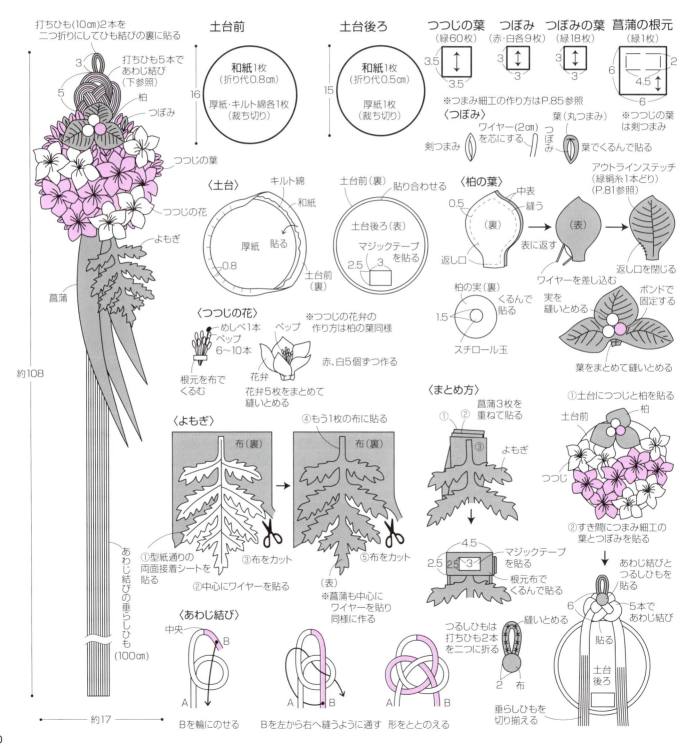

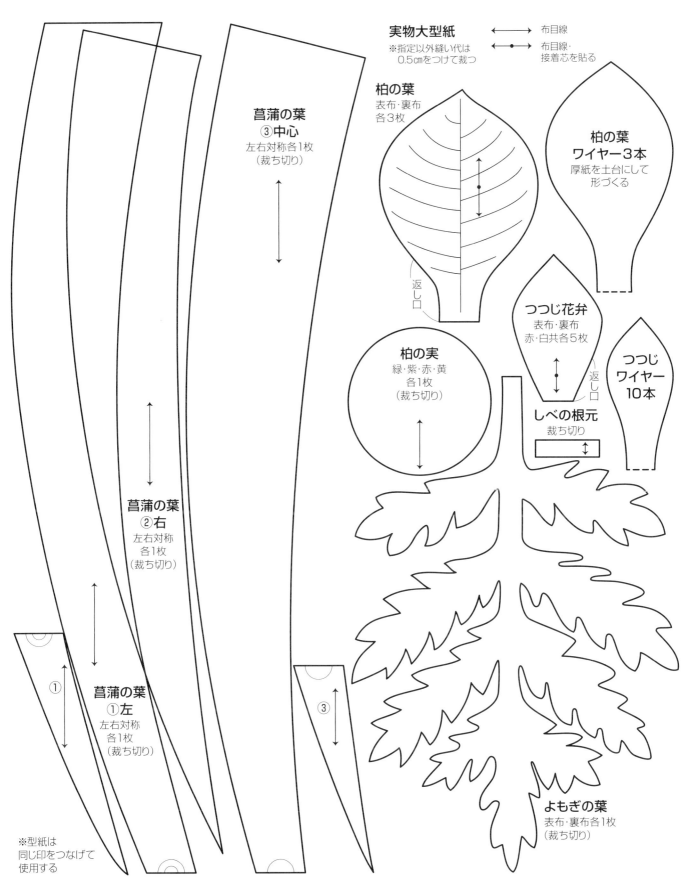

訶梨勒袋 口絵p.8

■材料
柄ちりめん40×30cm、白ちりめん20×10cm、白薄絹40×30cm、長さ7cmの芯棒1個、ミロバラン(訶梨勒)の実12個、ペレット・接着芯・綿各適宜、打ちひも…太さ2mm×500cm、1mm×50cm、1×30cm各1本

■でき上がり寸法　約38×10cm

■作り方
1. 袋を作る。
2. ひも結びを作る。ひもの先を芯棒に通してボンドでとめる。
3. 袋の中に中袋と訶梨勒を入れた袋を入れる。芯棒を入れてバランスを整えてひもを結ぶ。

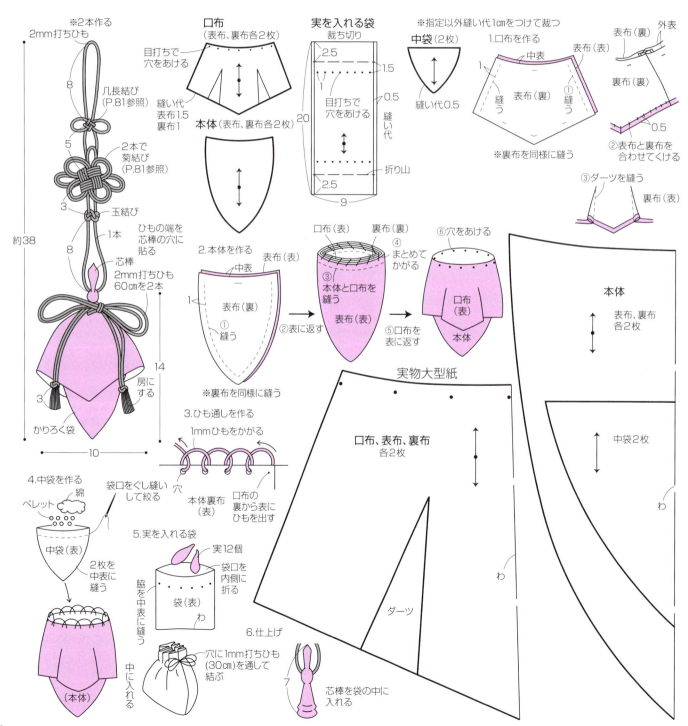

重陽の節句飾り・茱萸袋

口絵p.11

■材料〈組み立てる材料〉太さ3mm打ちひも125cm、紙筒直径2.5×9cm、厚紙3×3cm、ペレット・綿・穴糸
〈ちりめん細工〉袋、茱萸5本、菊3本
■でき上がり寸法 約38×23cm

■作り方
1. ちりめん細工を作る。
2. 茱萸の枝と菊の茎をバランス良く組み根元を糸で巻く。長いワイヤーは折り曲げる。
3. 紙筒にペレット又は重しを入れて2を入れる。
4. 袋に3を入れて周囲に綿を入れる。
5. 袋にひもを通して絞り、前の左右のひも通しに2回ひもを通して固定する。
6. あげまき結びの変形を作り、房を作る。

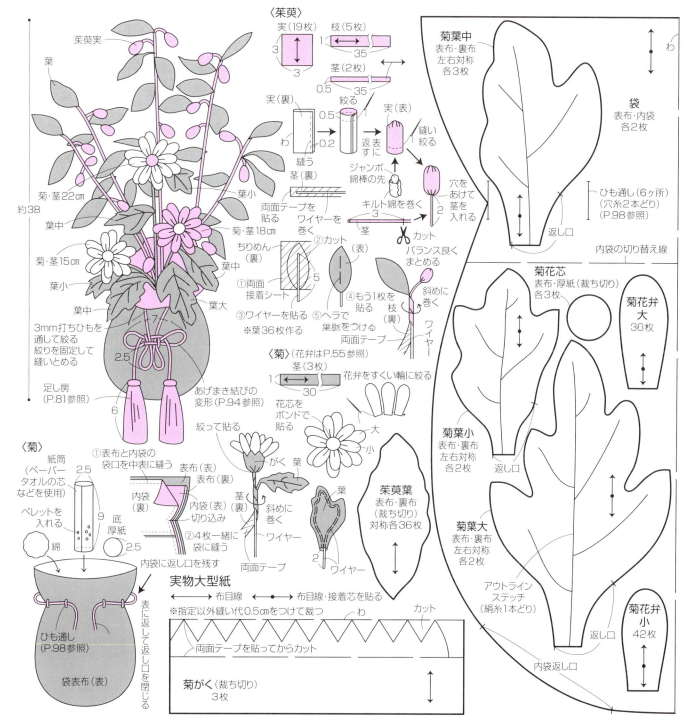

和菓子のつるし飾り　口絵p.13

- ■材料〈組み立てる材料〉1.5cm幅クラフトテープ140cm、ちりめん10×50cm、キルト綿1.5×50cm、太さ2mm打ちひも10cm、太さ1mm打ちひも110cm、ビーズ20個、スプリングホック4個直径1.5cmスチロール玉10個
- 〈ちりめん細工〉牡丹1個、干菓子2個、紫陽花2個、桜2個、椿2個、萩2個、よもぎ4個、ちりめん玉A8個・B2個、
- ■でき上がり寸法　約31×15cm

■作り方
1. ちりめん細工を作る。
2. クラフトテープで直径15cmの輪を作り、キルト綿とちりめんを巻いて貼る。
3. 図を参照にして穴糸にちりめん細工とビーズを順番に通し4本は上にスプリングホックをつける。
4. 中央のつるしは輪につけたひもとまとめてちりめんでくるむ。

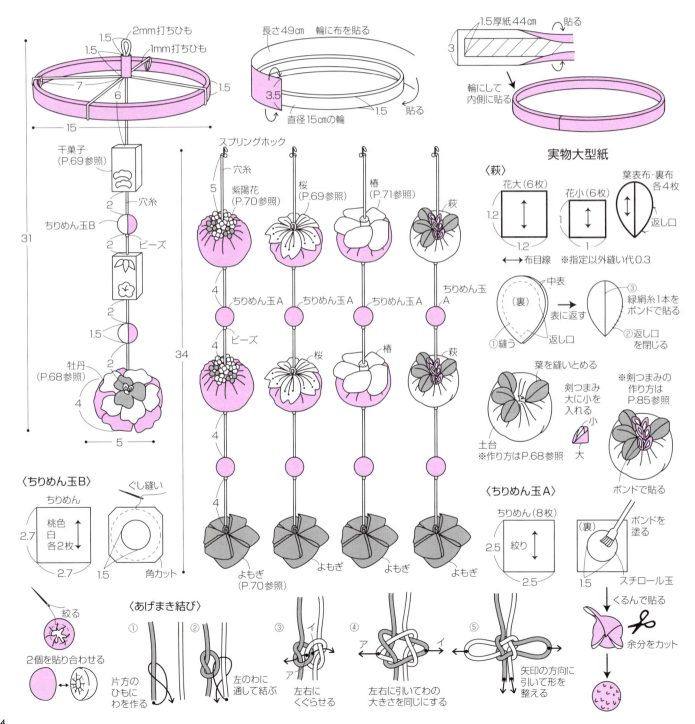

お正月のつるし飾り　口絵p.12

■材料〈組み立てる材料〉太さ3mm打ちひも55cm、太さ0.8mm打ちひも50cmを2本、穴糸
〈ちりめん細工〉梅袋3個、橙袋2個、松・竹各1個、獅子頭袋2個、こま袋1個、羽子板1個
■でき上がり寸法　約35×7cm、30×7cm

■作り方
1. ちりめん細工を作る。
2. ひもの中央に四手あわじ結びを作る。
3. 2のひもに松竹梅を縫いとめ、房を作る。
4. 図を参照にしてひもにちりめん細工を順番に通し、上に輪を作り梅袋の裏に縫いとめる。

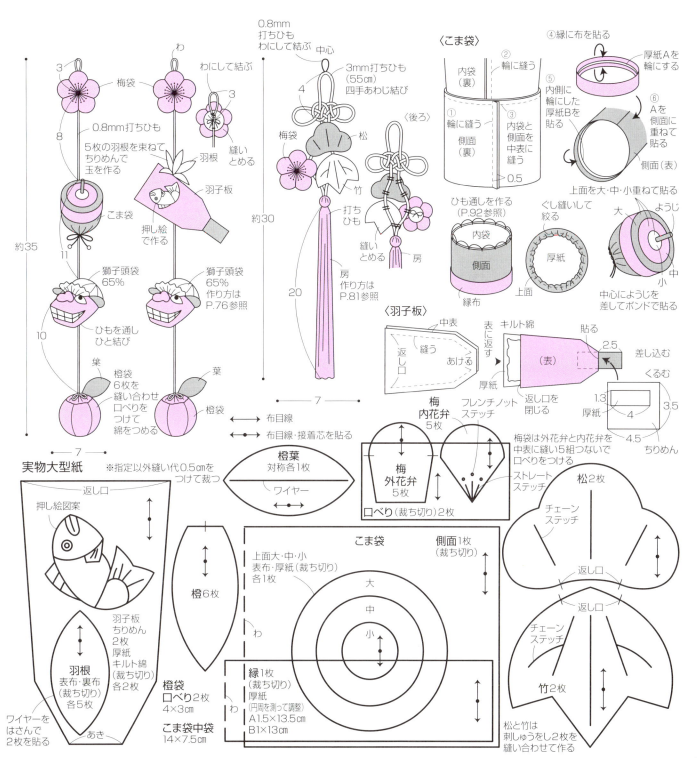

鯉のぼりのつるし飾り　口絵p.7

- ■材料〈組み立てる材料〉太さ0.8mm打ちひも70cm、直径2cmスチロール玉1個、座金2個
- 〈ちりめん細工〉鯉のぼり3個、矢車、吹き流し、木目込みまり
- ■でき上がり寸法　約51×15cm
- ■作り方
1. ちりめん細工を作る。
2. 図を参照にしてちりめん細工を順番に通し、上を輪にして端を矢車の軸に貼る。

美男葛のつるし飾り　口絵p.11

- ■材料〈組み立てる材料〉太さ3mm打ちひも170cm、ワイヤー60cm
- 〈ちりめん細工〉美男葛4個
- ■でき上がり寸法　約35×10cm
- ■作り方
1. ちりめん細工を作る。
2. ひも125cmで玉房結びを作り、残りのひもにワイヤーを入れて螺旋状に形作る。
3. 図を参照にしてちりめん細工を結ぶ。

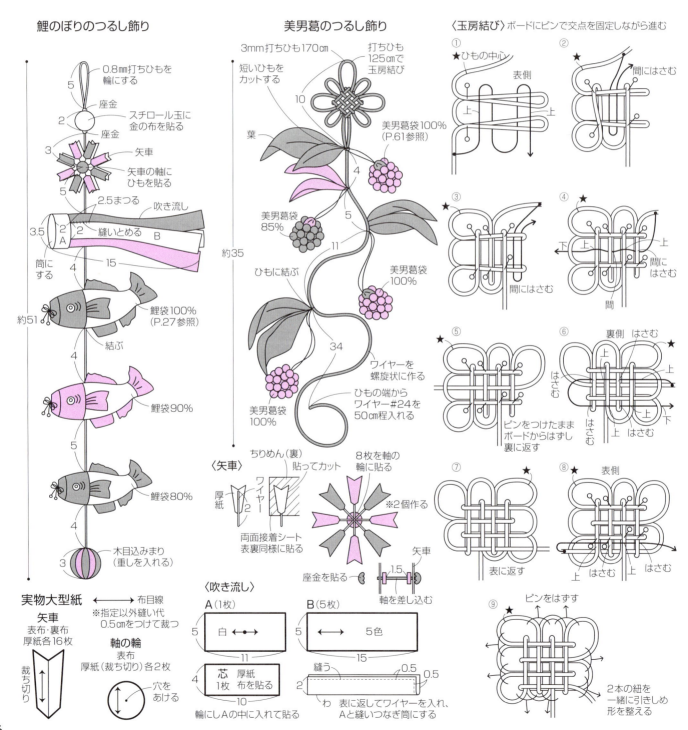

文化人形　口絵p.3

■材料
ちりめん…白・緋・柄各適宜、パンツ用レース13cm、帽子用レース50cm、#22ワイヤー32cm、ペレット、詰め綿、接着芯、絵の具
■でき上がり寸法　約19×10cm

■作り方
1. 各パーツの布を裁ち、手と足を作る。
2. 胴に足と手をつける。
3. 服を作り胴に縫いとめる。
4. 帽子を作り、顔に貼る。
5. ワイヤーに布を巻き顔と胴に差し込みボンドで固定する。

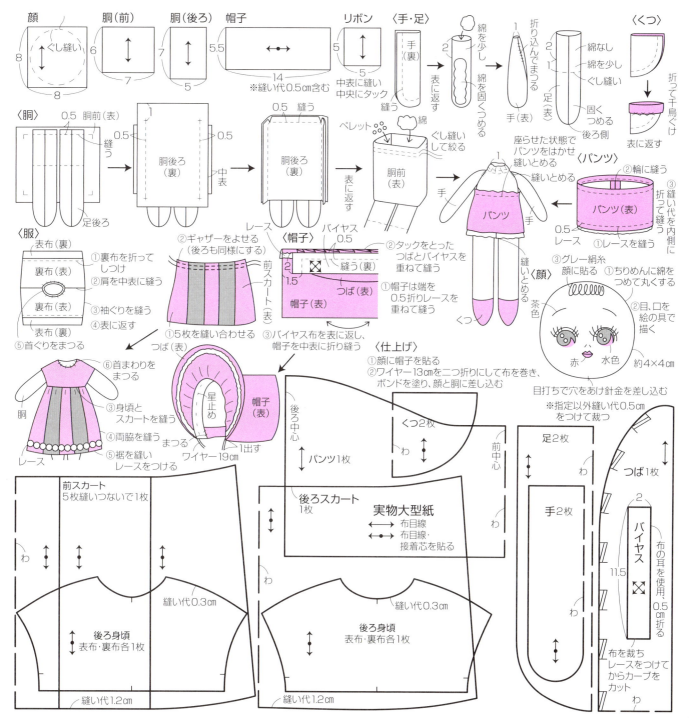

七夕のつるし飾り　口絵p.9

■材料〈組み立てる材料〉
1.2cm幅クラフトテープ160cm、薄い厚紙1.3×52cm、ちりめん…赤3×60cm・柄2×56cm、太さ1mm打ちひも赤300cm・緑60cmを2本
〈ちりめん細工〉豆袋2個、なす袋2個、きゅうり袋2個、星4個、着物2個、七宝まり、吹き流し、笹の葉8枚
■でき上がり寸法　約55×17cm

■作り方
1. ちりめん細工を作る。
2. ひもで吉祥結びを作り、七宝まりと吹き流しを通し、ひもの端をまりの中に入れる。
3. 輪を作り、2とまとめる。
4. 図を参照にしてひもにちりめん細工を順番に通し、外側輪に縫いとめその上に笹の葉を貼る。

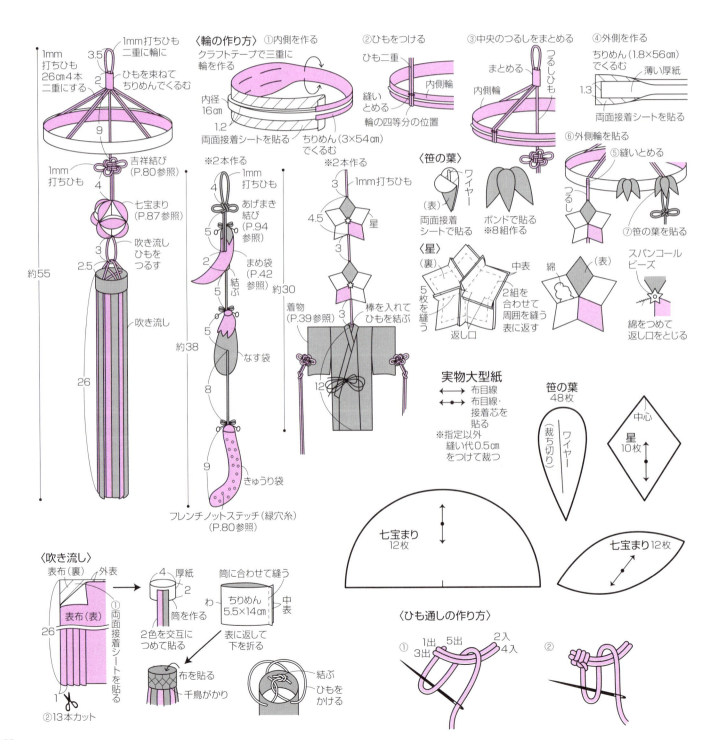

金魚の2連飾り　口絵p.54

■材料〈組み立てる材料〉太さ0.8mm打ちひも100cmを2本、ガラスビーズ16個
〈水草〉太さ3mm打ちひも160cm、#24ワイヤー3本、直径3cmスチロール玉1個、ちりめん6×11cm、厚紙、重し
〈ちりめん細工〉金魚6個、水玉大中小各4個、
■でき上がり寸法　約56×12cm

■作り方
1. ちりめん細工を作る。
2. 図を参照にしてひもにちりめん細工とビーズを順番に通し、鎖編みをして輪を作る。

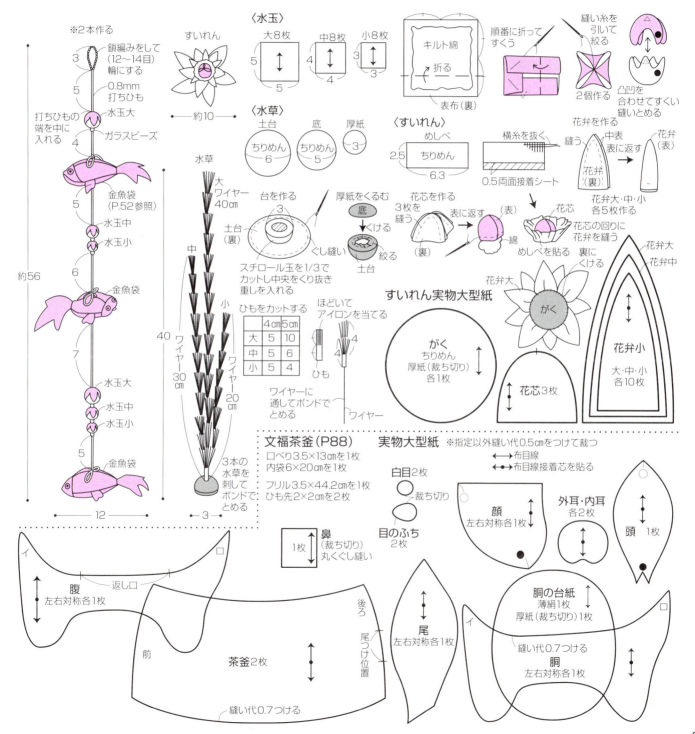

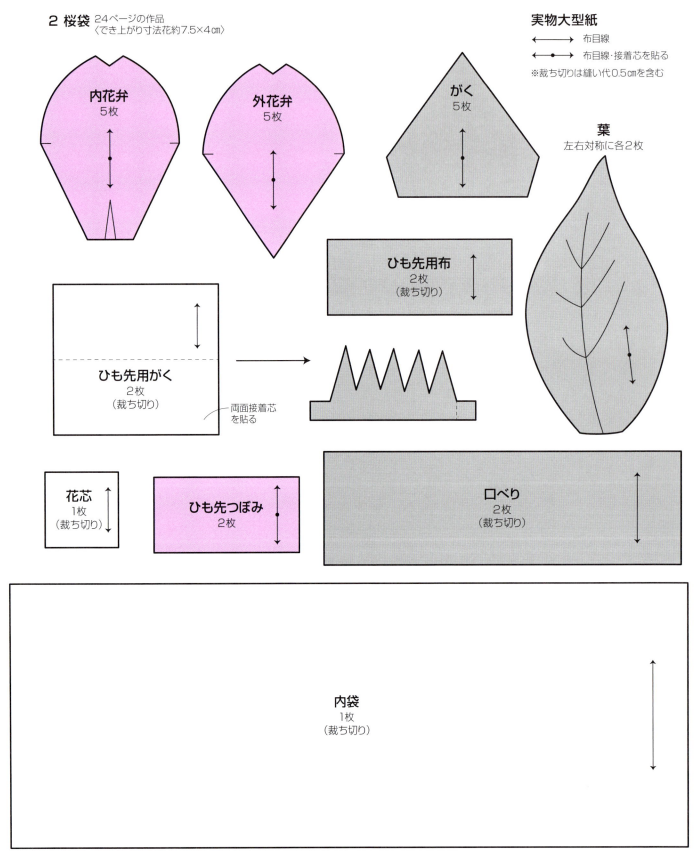

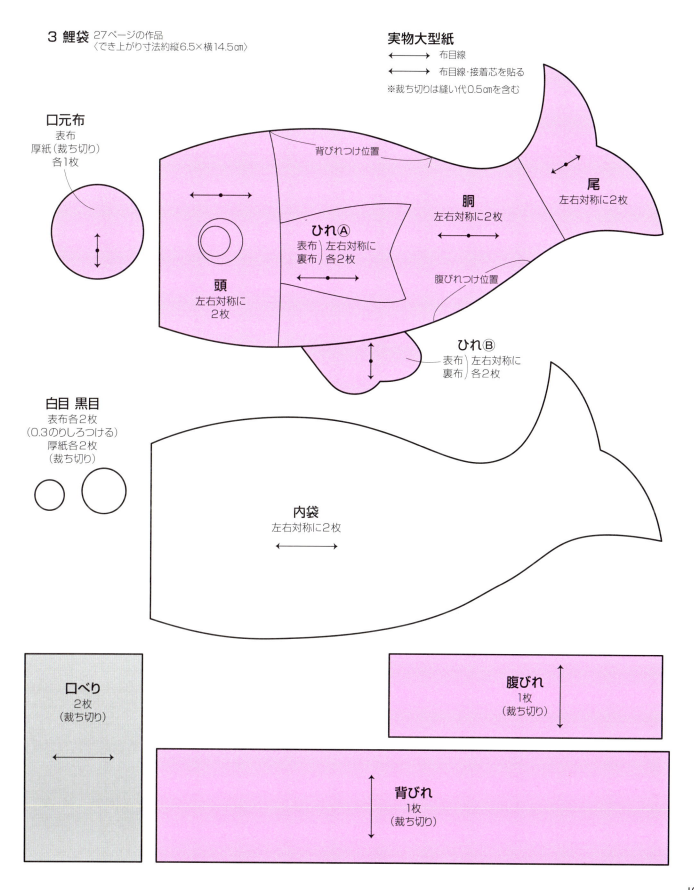

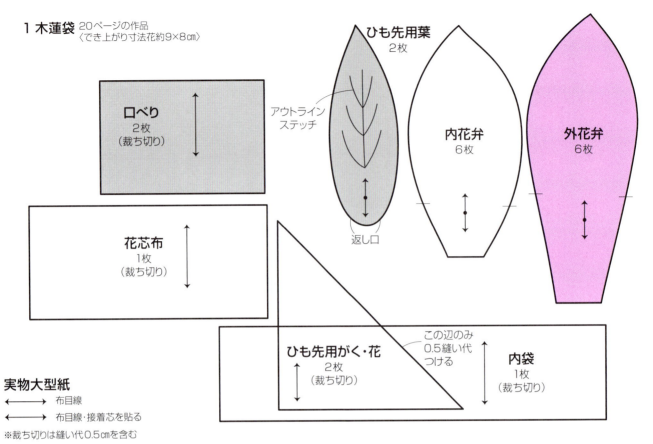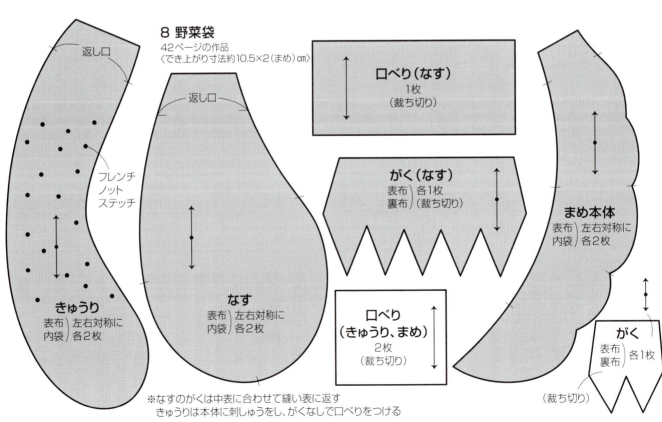

4 大山蓮華袋 30ページの作品
〈でき上がり寸法花約16×5cm〉

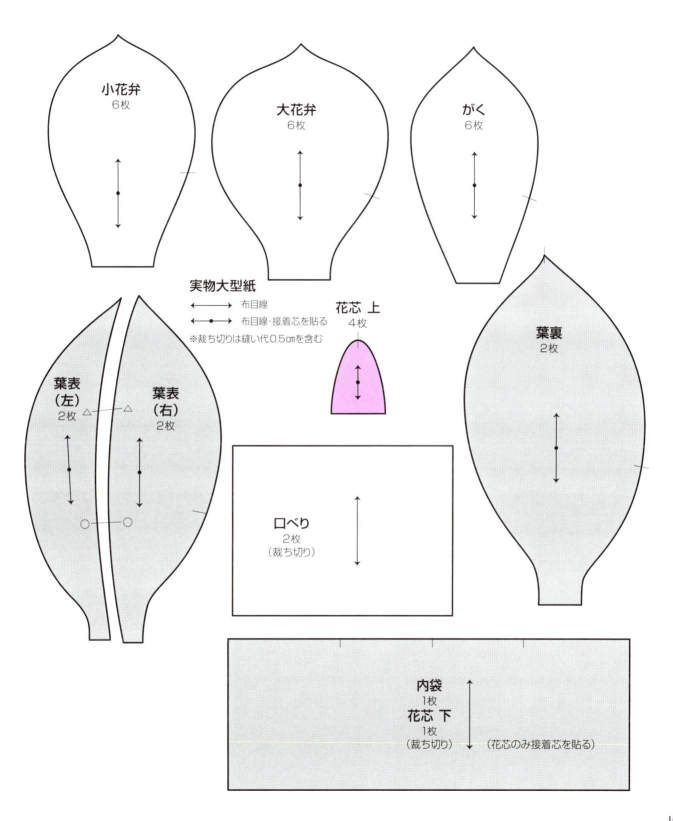

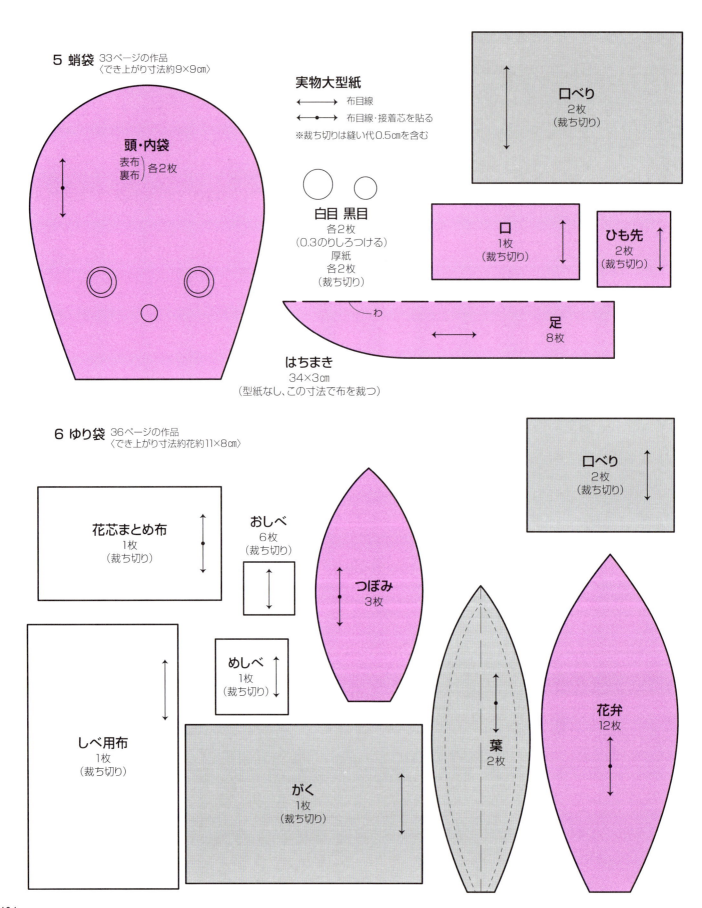

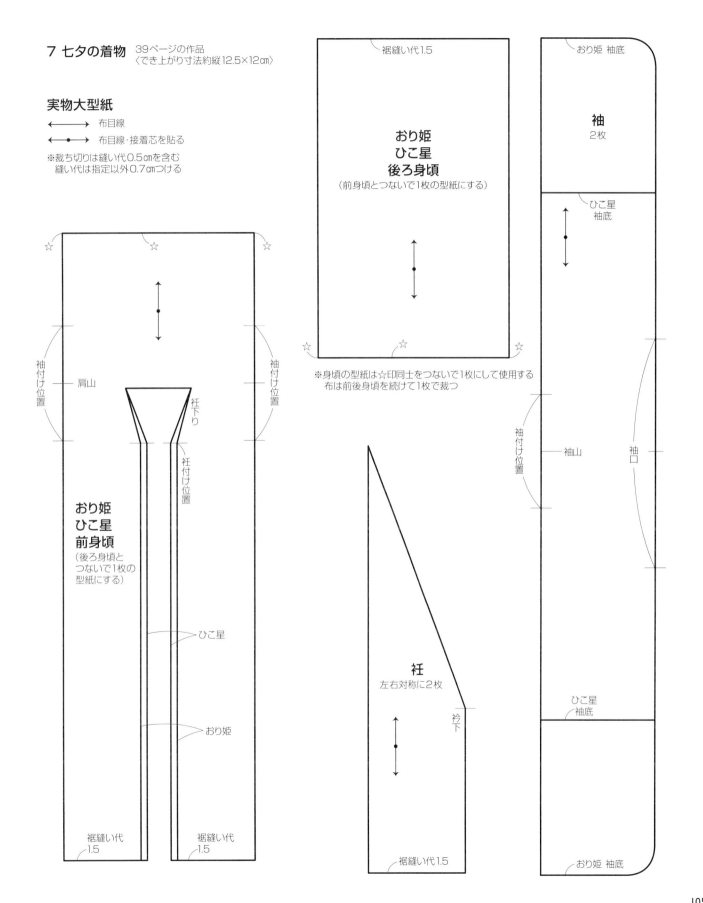

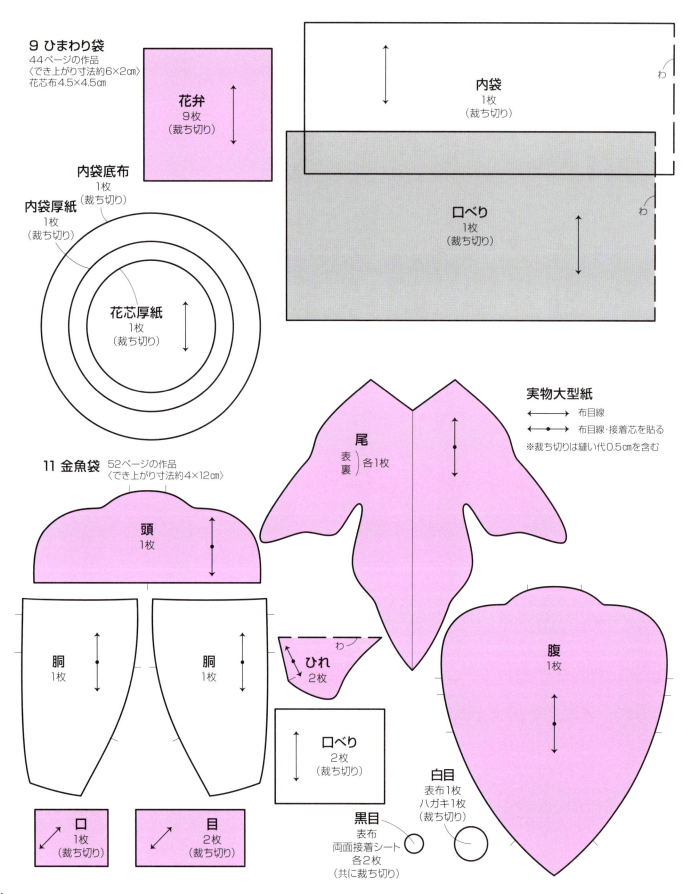

10 ほたるぶくろの袋
48ページの作品
〈でき上がり寸法花約4×8cm〉

実物大型紙

←→ 布目線
←•→ 布目線・接着芯を貼る

※裁ち切りは縫い代0.5cmを含む

内袋（裁ち切り）6×13.5cm 1枚
口べり（3.8×5cm）2枚
つぼみがく4×4cm 1枚

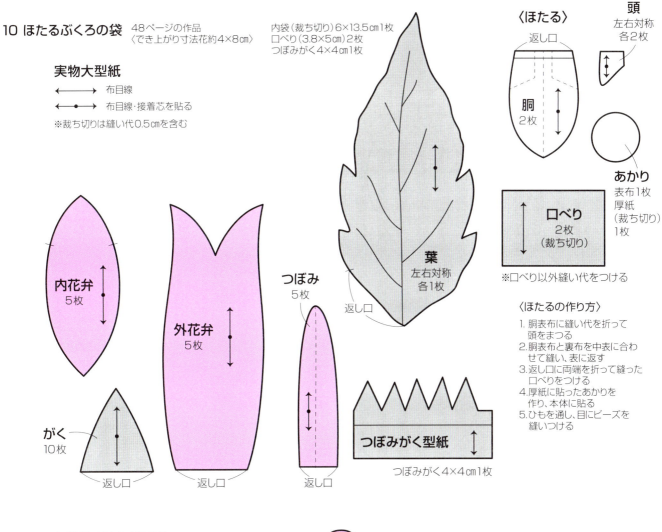

〈ほたる〉
頭 左右対称 各2枚
胴 2枚
あかり 表布1枚 厚紙（裁ち切り）1枚
口べり 2枚（裁ち切り）

※口べり以外縫い代をつける

〈ほたるの作り方〉
1. 胴表布に縫い代を折って頭をまつる
2. 胴表布と裏布を中表に合わせて縫い、表に返す
3. 返し口に両端を折って縫った口べりをつける
4. 厚紙に貼ったあかりを作り、本体に貼る
5. ひもを通し、目にビーズを縫いつける

内花弁 5枚
外花弁 5枚
がく 10枚
つぼみ 5枚
つぼみがく型紙　つぼみがく4×4cm 1枚
葉 左右対称 各1枚

12 小菊袋
55ページの作品
〈でき上がり寸法花約7.5×3cm〉
ひも先がく4×2cm 1枚
ひも先つぼみ直径3.5cm 2枚

ひも先 2枚（裁ち切り）

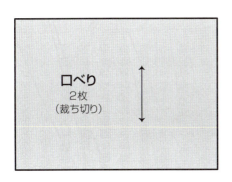

口べり 2枚（裁ち切り）

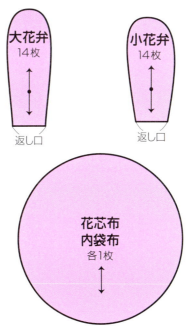

大花弁 14枚
小花弁 14枚
花芯布 内袋布 各1枚

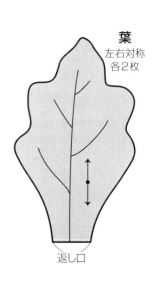

葉 左右対称 各2枚

14 美男葛袋　61ページの作品
〈でき上がり寸法実約3×3cm〉

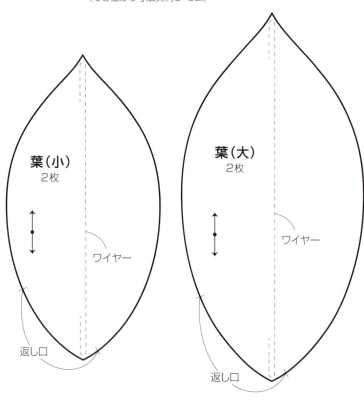

実物大型紙

⟵⟶　布目線
⟵•⟶　布目線・接着芯を貼る

※裁ち切りは縫い代0.5cmを含む

13 コスモス袋　58ページの作品
〈でき上がり寸法花約7.5×4cm〉

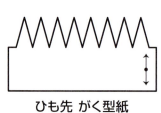

ひも先 がく型紙
※ひも先がく4×2cm 1枚

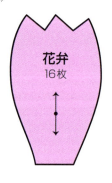

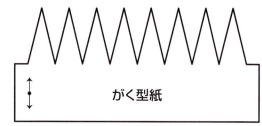

※がく6×6.5cm 1枚

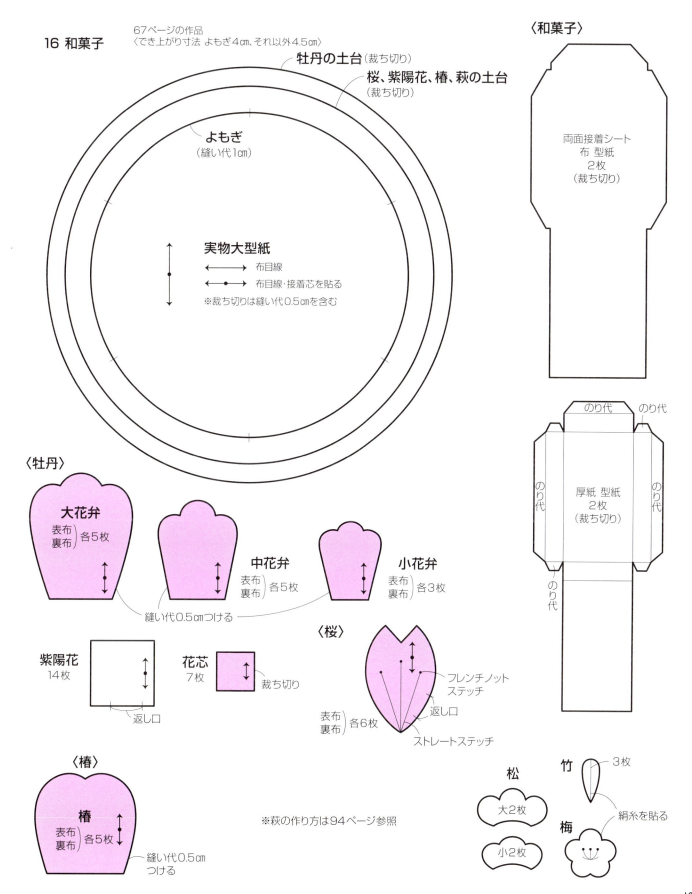

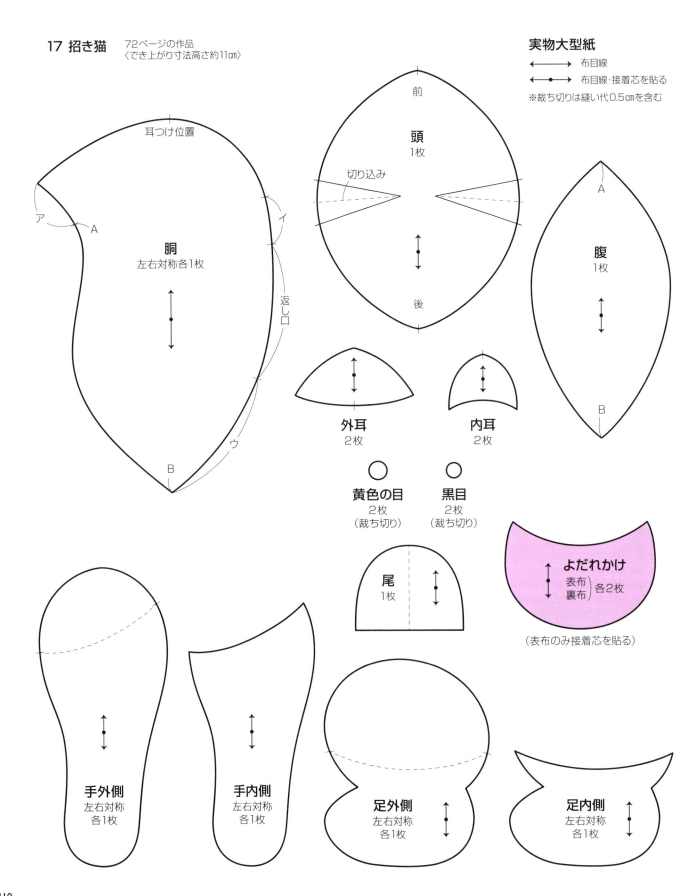

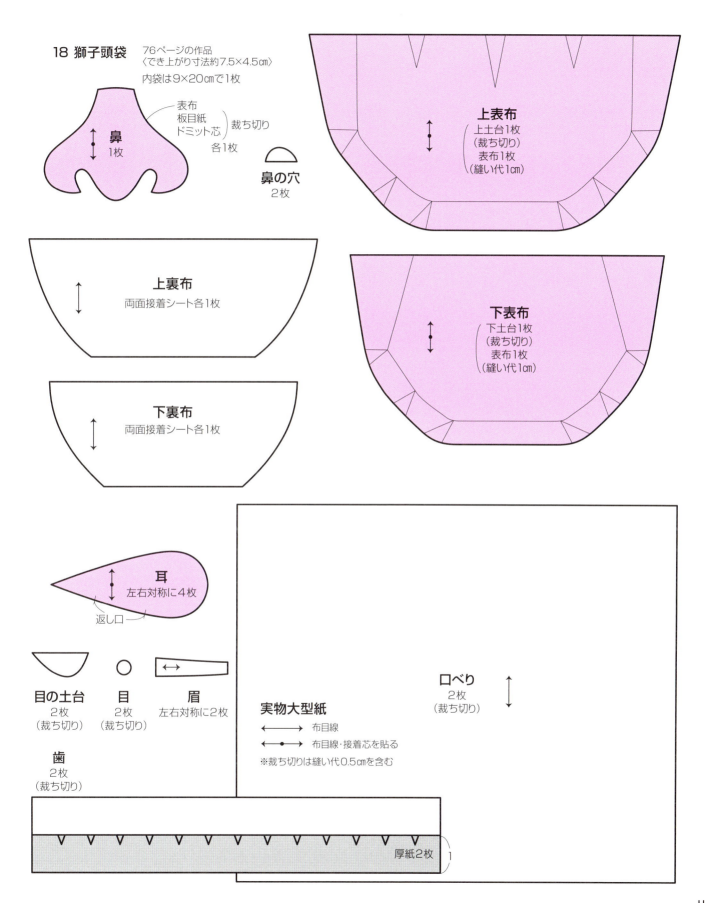

井上重義(いのうえしげよし)

1939年兵庫県姫路市生まれ。1963年より日本の郷土玩具の収集と調査研究に取り組み、1974年に玩具博物館を個人で設立。現在、6棟の建物に国内外の資料9万点を収蔵展示し、わが国を代表する玩具博物館を築く。2016年、ミシュラングリーンガイド二つ星に認定される。「子供や女性の文化に光を」との信念から1986年よりちりめん細工の資料収集と調査にも取り組み、3000点を超す資料を収蔵。ちりめん細工の普及と質の向上に努める。著書に「ちりめん細工つるし飾りの基礎」(日本ヴォーグ社)、「ふるさと玩具図鑑」(平凡社)など多数。兵庫県文化賞、地域文化功労者文部科学大臣表彰、サントリー地域文化賞など受賞。

季節のつるし飾りとちりめん細工

発行日／2018年3月4日　第1刷
　　　　2021年12月28日　第6刷
発行人／瀬戸信昭
編集人／今ひろ子
発行所／株式会社日本ヴォーグ社
〒164-8705　東京都中野区弥生町5-6-11
TEL 03-3383-0634(編集)
出版受注センター　TEL 03-3383-0650
FAX 03-3383-0680
印刷所／株式会社東京印書館
Printed in Japan ©SHIGEYOSHI INOUE 2018
ISBN978-4-529-05776-9

● JCOPY 〈(社)出版者著作権管理機構 委託出版物〉
本書の無断複写は著作権法上での例外を除き禁じられています。複写される場合は、そのつど事前に、(社)出版者著作権管理機構(電話 03-5244-5088、FAX 03-5244-5089、e-mail：info@jcopy.or.jp)の許諾を得てください。
●万一、乱丁本、落丁本がありましたら、お取替えいたします。お買い求めの書店か小社出版受注センターへお申し出ください。

掲載作品の制作協力者

日本玩具博物館主催のちりめん細工講座で長年研鑽され、同館認定講師として全国各地で活躍されています。

岩本弘子(兵庫県)　　井上曜子(神奈川県)
大西初美(兵庫県)　　清元瑩子(兵庫県)
小島悠紀子(静岡県)　小玉聖子(秋田県)
酒居美幸(兵庫県)　　芝田恵惠子(兵庫県)
高橋公子(新潟県)　　竹内友美(神奈川県)
辻　芳子(神奈川県)　浜　公子(広島県)
坂東俊子(徳島県)　　藤本保子(兵庫県)
松井七重(神奈川県)　南　尚代(千葉県)
三好裕子(東京都)　　宗片由美子(山形県)
森重耐子(山口県)　　小山愛子(神奈川県)
秋田なをみ(兵庫県)　石田りつ子(兵庫県)
石島博子(茨城県)　　伊藤智子(山形県)
梅木美枝(山形県)　　奥田絹江(東京都)
黒田正子(兵庫県)　　重松眞弓(佐賀県)
鈴木幸子(神奈川県)　相馬玉枝(神奈川県)
田中房子(京都府)　　寺嶋智恵子(兵庫県)
仲嶋真弓(兵庫県)　　原田みほ(兵庫県)
堀川久邇子(兵庫県)　三宅京子(大阪府)

STAFF
撮影／山本正樹(口絵)
　　　森谷秋則(プロセス)
スタイリスト／田中まき子
ブックデザイン／鷲巣デザイン事務所
イラスト・実物大型紙トレース／
　　株式会社　WADE
編集協力／鈴木さかえ
編集担当／寺島暢子

用具協力
クロバー株式会社
大阪府大阪市東成区中道3-15-5
TEL 06-6978-2277(お客様相談室)

撮影協力
アワビーズ
東京都渋谷区千駄ヶ谷3-50-11
明星ビルディング5F
TEL 03-5786-1600

この本に関するご質問は、お電話またはWebで
書名／季節のつるし飾りとちりめん細工
本のコード／NV70464
担当／寺島
Tel：03-3383-0634(平日13：00～17：00受付)
Webサイト「日本ヴォーグ社の本」
http://book.nihonvogue.co.jp/
※サイト内(お問い合わせ)からお入りください。(終日受付)
(注)Webでのお問い合わせはパソコン専用となります。

日本玩具博物館

■材料のお問い合わせは下記日本玩具博物館まで電話またはファックスで。見本帳を無料進呈中です。

■日本玩具博物館
〒679-2143　兵庫県姫路市香寺町中仁野671-3
TEL 079-232-4388　FAX 079-232-7174
http://www.japan-toy-museum.org
http://www.chirimenzaiku.org
●交通／JR姫路駅から播但線で約17分の香呂駅下車、東へ徒歩約15分。
車は播但連絡道路船津ランプから西へ約5分。
●開館時間／午前10時～午後5時
●休館日／毎週水曜日(祝日は開館)
年末年始は12月28日～1月2日まで休館

■ちりめん細工　講座と材料
●講座／日本玩具博物館認定講師による講座が同館ほか秋田、山形、仙台、千葉、東京、横浜、静岡、名古屋、新潟、奈良、京都、大阪、神戸、福山、萩、徳島、高知、北九州、佐賀などで開催されています。
●材料／ちりめん細工の普及のために、ちりめん細工作りに適した正絹二越縮緬、正絹打ちひも、さげ飾り棒、さげ飾り台などを日本玩具博物館ミュージアムショップで取り扱っています。

当書は皆様にちりめん細工をお作りいただくために出版したものですが、これらの作品を展示会などに出品される際は、参考文献として当書名を会場に表示ください。

あなたに感謝しております
We are grateful.
手づくりの大好きなあなたが、
この本をお選びくださいまして
ありがとうございます。
内容の方はいかがでしたでしょうか？
本書が少しでもお役に立てば、
こんなにうれしいことはありません。
日本ヴォーグ社では、
手づくりを愛する方とのおつき合いを大切にし、
ご要望におこたえする商品、
サービスの実現を常に目標としています。
小社および出版物について、
何かお気づきの点やご意見がございましたら、
何なりとお申し出ください。
そういうあなたに、私共は常に感謝しております。

株式会社日本ヴォーグ社　社長　瀬戸信昭
FAX 03-3383-0602

日本ヴォーグ社関連情報はこちら
(出版、通信販売、通信講座、スクール・レッスン)
https://www.tezukuritown.com/